レファレンス協同データベース事業
データ作成・公開に関するガイドライン

付 レファレンス事例集

国立国会図書館編

日本図書館協会
2006

The Guidelines for the Collaborative Reference Database Project

レファレンス協同データベース事業データ作成・公開に関するガイドライン ： 付 レファレンス事例集 ／ 国立国会図書館関西館事業部編． － 東京 ： 日本図書館協会，2006． －
1冊 ； 30cm． － ISBN4-8204-0604-3

t1. レファレンス キョウドウ データベース ジギョウ データ サクセイ コウカイ ニ カンスル ガイドライン　a1. コクリツ コッカイ トショカン
s1. レファレンス ワーク　①015.2

はじめに

　国立国会図書館では、公共、大学、専門図書館等のレファレンス業務と一般利用者の調査研究活動を支援するため、レファレンス協同データベース事業を実施しています。平成14年度から16年度までの実験期間を経て、平成17年度から本格事業化し、平成18年3月末現在、参加館数は390館、登録データ数は20,000件を超え、データベースの充実に伴って利用も伸びています。

　平成17年10月、参加館からの要望を受けて、データの効率的な作成に資するため、またデータ公開の基準を示すために「レファレンス協同データベース事業データ作成・公開に関するガイドライン」を策定しました。策定にあたっては、青山学院大学の小田光宏教授を座長とする「事例データ作成・公開に関するガイドライン策定検討会議」を設置して検討を行い、その後参加館に対する意見公募を実施して、実務担当者にとって役立つものとなるよう配慮しました。平成18年2月には、これにレファレンス事例集を付した冊子を作成し、参加館及び事業関係者に配布しました。

　このたび国立国会図書館では、このガイドライン及び事例集が、単に本事業参加館のみならず全国の図書館におけるレファレンス業務に資するものと考え、刊行物として広く活用していただくことにいたしました。この冊子が、様々な図書館において日々行われるレファレンスデータの作成に活用されると共に、本事業への関心の拡大、さらには参加の促進、本事業の発展に寄与することを願うものです。

　最後に、ガイドライン策定検討会議メンバー各位及びレファレンス事例集作成にご協力いただいた昭和女子大学の大串夏身教授に御礼申し上げます。

平成18年4月

国立国会図書館関西館事業部長
岡村　光章

刊行によせて

青山学院大学教授　小田光宏

　平成17年度に策定され、これまでホームページ上に公開されていた「レファレンス協同データベース事業　データ作成・公開に関するガイドライン」が、「レファレンス事例集」を付して、冊子として刊行される運びとなりました。「ガイドライン」の策定に関わった者として、この冊子の刊行は、まことに悦ばしい限りです。

　レファレンス協同データベース事業は、平成14年度から平成16年度までの3か年、実験事業として開始されました。その間、全国から参加館が募られ、データ登録が促され、参加館からの意見聴取が行われました。また、多くの有識者にデータベース試用に基づいてヒアリングがなされ、問題点を洗い出して、逐次、改善が図られました。そして、実験事業の締めくくりとして、第1回参加館フォーラムが平成17年2月に開催され、事業化及び一般公開に向けての最終的な意見集約が試みられました。

　こうした過程において、参加館からの強い要望として、また、データの質の管理とも関係する重要な課題として、「ガイドライン」を策定することの必要性が示されました。とりわけ、一般公開されるデータの質を高めるためには、「ガイドライン」の策定は不可欠であるという認識が、事業の関係者に共通するものとなりました。この認識のもと、平成17年度の事業化後、「レファレンス協同データベース事業　事例データ作成・公開に関するガイドライン策定検討会議」が設置されました。実験段階から事業に対して様々な関わりを持っていたこともあり、この会議の座長を私がお引き受けすることとなりました。検討会議では、数回にわたる会合を開き、かつ、メーリングリストを用いて意見交換を重ねました。その上で、いただいた多様な意見を取りまとめ、事務局の協力を得ながら、ガイドラインの執筆及び編集を、座長の責任のもとで行いました。

　一方、「ガイドライン」のねらいが十分に活かされるように、また、レファレンスサービスの実務の改善に資するように、データベース中から特徴的なレファレンス事例データを選び、これに解説を加えた「レファレンス事例集」の編集が企図されました。この「事例集」については、昭和女子大学の大串夏身教授が事例データの選定にあたり、解説を執筆されました。この冊子には、こうして作成された「事例集」が、「ガイドライン」全文とともに掲載されています。それゆえ、それぞれの役割と相互の関係が、容易に読み取れます。また、双方を連関させて読むことにより、レファレンス協同データベース事業の意義を、いっそう深く理解していただけるものと思われます。

　レファレンス協同データベース事業は、館種を超えた図書館間の協同（コラボレーション）に支えられているという点で、日本における最初の試みです。しかも、図書館サービスとして重要であり、かつ、図書館員の専門知識・技術を発揮する場であるにもかかわらず、図書館の外ではなかなかその意義が理解されなかったレファレンスサービスについて、多くの人々に

示していく絶好の機会です。こうした画期的な営みであるレファレンス協同データベース事業が、今後ますます発展し、日本社会への貢献が高まることを強く期待するものです。そのためにも、参加館に置かれましては、この冊子の意図するところを十分にお汲み取りいただき、有効に活用していただければ幸いです。そして、参加館のレファレンスサービスの質が、これまでにもまして高まるよう、心から願っております。

　最後になりましたが、ガイドライン策定検討会議のメンバー各位に、この場を借りて、心から御礼申し上げます。「ガイドライン」が、短期間で、しかも、過不足なく完成できたのは、皆様のご尽力の賜です。また、「事例集」につきましては、作成にお力を注いでいただいた大串夏身先生の労をねぎらいたいと存じます。ありがとうございました。

平成 18 年 2 月

　　　　ガイドライン策定検討会議メンバー
　　　　　青山学院大学文学部教育学科教授（座長）　　小田　光宏
　　　　　獨協大学経済学部経営学科助教授　　　　　　福田　　求
　　　　　秋田県立図書館資料班副主幹　　　　　　　　山崎　博樹
　　　　　立川市中央図書館調査資料係長　　　　　　　斎藤　誠一
　　　　　同志社大学総合情報センター
　　　　　　　情報サービス課今出川サービス係長　　　井上　真琴
　　　　　慶應義塾大学信濃町メディアセンター
　　　　　　　パブリックサービス担当課長代理　　　　酒井　由紀子
　　　　　国立国会図書館主題情報部主任司書　　　　　石渡　裕子

　　　　レファレンス事例集解説執筆
　　　　　昭和女子大学人間社会学部現代教養学科教授　大串　夏身

－目次－

第1章　ガイドラインの趣旨を理解するために 1
  1.1　事業とレファレンスサービスは、どのような関係にあるか 2
  1.2　事業の意義はどこにあるか 4
  1.3　ガイドラインは、どのような性質を有しているか 5

第2章　レファレンス協同データベースの概要を知るために 7
  2.1　レファレンス協同データベースは、どのような構造となっているか 8
  2.2　レファレンス協同データベースには、どのような用途があるか 9

第3章　データを作成するために 13
  3.1　レファレンス事例データは、どのように作成するか 14
  3.2　調べ方マニュアルデータは、どのように作成するか 18
  3.3　特別コレクションデータは、どのように作成するか 23
  3.4　参加館プロファイルデータは、どのように作成するか 25

第4章　データを公開するために 29
  4.1　公開にあたって知っておくべきことは何か 30
  4.2　公開してはならないデータとは何か 32
  4.3　公開の条件とはどのようなものか 33

第5章　データの質をさらに高めるために 37
  5.1　データの質を高め、維持するポイントを知る 38
  5.2　コラボレーション（相互支援）機能を活用する 39
  5.3　検索機能を活用する 41

付録資料1　レファレンス協同データベース標準フォーマット
　　　　　　（データ作成者のための簡易マニュアル）
付録資料2　レファレンス協同データベース項目別記入方法解説
付録資料3　レファレンス協同データベース・データ公開基準（一覧表）
付録資料4　データの質を高めるための道しるべ

－略語－

- **ガイドライン**
  レファレンス協同データベース事業データ作成・公開に関するガイドライン

- **策定会議**
  レファレンス協同データベース事業　事例データ作成・公開に関するガイドライン策定検討会議

- **参加規定**
  国立国会図書館レファレンス協同データベース事業参加規定
  （平成17年7月7日　国図関西050629001号）

- **事業**
  レファレンス協同データベース事業

- **システム**
  レファレンス協同データベース・システム

- **実験事業**
  レファレンス協同データベース実験事業

- **データ**
  レファレンス協同データベースに登録されているデータ

- **レファレンス協同データベース**
  レファレンス事例データベース、調べ方マニュアルデータベース、特別コレクションデータベース、参加館プロファイルデータベースから構成されるデータベース

第1章　ガイドラインの趣旨を理解するために

1.1　事業とレファレンスサービスは、どのような関係にあるか

  1.1.1　事業では、レファレンスサービスをどのように位置付けているか
  1.1.2　事業では、レファレンス質問をどのように位置付けているか
  1.1.3　事業では、レファレンス質問に対する回答をどのように位置付けているか

1.2　事業の意義はどこにあるか

  1.2.1　レファレンスサービスにおいて、事業はどのような意義を有するか
  1.2.2　事業に参加する利点は、どこにあるか

1.3　ガイドラインは、どのような性質を有しているか

  1.3.1　ガイドラインは、どのような目的を有しているか
  1.3.2　参加館は、ガイドラインをどのように位置付ければよいか

1.1 事業とレファレンスサービスは、どのような関係にあるか

1.1.1 事業では、レファレンスサービスをどのように位置付けているか

事業では、レファレンスサービスを次のように定義しています。

あらゆる形式の記録された情報（知識）又は資料そのものにアクセスしようとする利用者に支援、助言及び指導を行う図書館サービス。支援、助言及び指導は、利用者に対する直接サービス及び間接サービスとして展開する。

== ［詳細解説］ ==
レファレンスサービスは、大きく直接サービスと間接サービスの 2 つから成り立っています。レファレンスサービスと聞くと、直接サービスばかりが意識されがちですが、間接サービスもまた重要であり、十分に認識しておくことが求められます。

(1)直接サービス

利用者からの質問（相談）に対して、図書館員が直接支援を行うサービスです。

利用者は、求める情報又は資料について、図書館員に相談をしますが、その相談は、質問形式を取ることが一般的であるため、「レファレンス質問」と呼ばれます。したがって、図書館員による支援は、レファレンス質問に対する回答という形態になることから、質問回答サービスになります。この事業で扱うレファレンス事例データは、こうした質問回答サービスの記録に相当します。

(2)間接サービス

利用者が求める情報又は資料について、自分で調べることができるようにレファレンス情報源をコレクションとして整備したり、種々の情報を図書館独自で整理してデータベース化したりする活動です。

この事業の 4 つのデータベースを公開することは、間接サービスの一環となります。これは、有用な情報源を利用者自身が検索できるように整備し、提供するものであると言えるからです。
==

1.1.2 事業では、レファレンス質問をどのように位置付けているか

質問回答サービスにおいては、様々なタイプの質問（相談）が、利用者から寄せられます。この事業では、利用者が何らかの情報又は資料を求めて図書館員に寄せた質問を、すべてレファレンス質問と位置付けています。

== ［詳細解説］ ==
特定の事実や資料の調査に関わる質問だけではなく、下記のような質問も、この事業のデータと

して取り扱うこととしています。
(1)読書資料の紹介を求めた質問
公立図書館では読書資料に関する質問が、多く寄せられます。こうした質問に対しては、回答として読書資料を紹介することになりますが、その場合に、読書案内という独自の名称を与え、レファレンスサービスとは異なるものとしていることがあります。しかし、読書案内は、読書資料に関するレファレンス質問と位置付けられることから、この事業では、レファレンスサービスの一部として扱っています。

(2)資料の所蔵、所在を尋ねた質問
特定の資料を図書館が所蔵しているか、又は他のどこの図書館で所蔵しているかを尋ねる質問が寄せられたとき、それを所蔵調査又は所在調査に関する質問と呼んで、レファレンス質問として扱わない図書館もあります。しかし、この事業では、これらもレファレンス事例データに含めていますし、こうした調査に資するよう、特別コレクションデータや参加館プロファイルデータを扱っています。

==

1.1.3 事業では、レファレンス質問に対する回答をどのように位置付けているか

レファレンス質問に対する回答の方法に着目すると、求める情報又は資料そのものを提供(提示)する情報提供型の回答と、情報又は資料の調べ方(利用方法)を案内(指導)する利用案内型の回答があります。全体としては、それらを使い分ける中間的な型の回答が主流です。この事業では、これらすべてを、レファレンス質問に対する回答と位置付けています。

== [詳細解説] ==
(1)利用案内と位置付けられる回答
どのような回答方法を採るかは、それぞれの図書館の方針として定めるものです。例えば、公立図書館において、学校の児童・生徒が宿題に関連した質問を寄せた際には、情報又は資料そのものを提供せずに、利用方法の案内を行うことがあります。また、利用者が、情報又は資料そのものを求めるのではなく、それらの探し方について知りたいと相談を寄せることもあります。そうした際は、利用案内(指導)が行われています。さらには、大学図書館における情報リテラシー教育の一環として、図書館で講習会やガイダンスを開催し、情報又は資料の調べ方や図書館の利用の仕方を指導することも行われています。事業では、このようなノウハウを蓄積することができるように、調べ方マニュアルデータを設けています。

(2)完全ではない回答
回答が次のような結果となった場合も、事業では、取り扱う対象に含めています。
- 未解決で回答ができなかった場合
- 十分な結果が得られず、中途段階の結果だけ回答した場合

レファレンスサービスは、利用者の求め(ニーズ)に応じて展開します。特定主題の資料が求められているとき、1、2点の資料があれば満足する利用者もいれば、ある程度網羅的な資料がなくては満足しない利用者もいます。したがって、見かけ上は同一のレファレンス質問で

あっても、それに対する回答が大きく異なることもあります。また、途中で終了してしまうこともあります。それゆえ、回答が上記のような結果となった場合にも、一定の調査のプロセスが確認できる場合には、レファレンス事例として位置付けています。
==

1.2 事業の意義はどこにあるか

1.2.1 レファレンスサービスにおいて、事業はどのような意義を有するか

　レファレンスサービスにおいて、この事業は、レファレンスサービスの向上と効率化及び情報提供活動の充実の2点において重要な意味を持ちます。そして、単独の図書館では成し得なかったレファレンスサービスの充実及び発展に寄与することができます。

== ［詳細解説］ ==
(1)レファレンスサービスの向上と効率化
　　　事業は、レファレンスサービスの成果をデータベース化して蓄積し、参加館で共用できるようにしていますので、個別の参加館では扱うことのできなかった幅広く、かつ、厚みのある情報源を利用することができます。また、事業では、参加館で協同して、登録されたデータを維持することができます。このように、事業はレファレンスサービスの向上と効率化を促進します。
　　　例えば、質問回答サービスの成果は、各図書館で利用できるレファレンス情報源の規模や広がりによるところが大きいため、規模の小さな図書館では、回答並びに調査のプロセスも制約されます。回答時には存在しなかった情報源が現れて、回答に至るまでのプロセスや回答内容が大きく変わることもあり得ます。事業は、蓄積されたデータを参加館相互で確認し、いっそう質の高いものにするための機能が備わっていますので、単独の図書館の限界を乗り越えることができます。
(2)情報提供活動の充実
　　　一般利用者に対して公開されたデータベースは、レファレンス情報源の1つとなり、情報提供活動の充実につながります。
==

1.2.2 事業に参加する利点は、どこにあるか

　事業に各図書館が参加する利点は、自館のレファレンス事例データ等の管理に活用できること、協同で登録された多数のデータを利用できること及び相互支援機能により協同でレファレンスサービスの向上に取り組むことができることの、3つに整理されます。

== ［詳細解説］ ==
(1)自館のレファレンス事例データ等の管理

自館のレファレンス事例や調べ方マニュアルを、データベースに登録できます。それゆえ、各図書館が、独自にデータベースを構築しなくても、データを運用することができます。

(2)協同で登録された多数のデータの利用

他の参加館と協同で多数のデータが登録されていますので、第2章に記す様々な用途に用いることができます。

(3)コラボレーション(相互支援)機能によるデータの質の向上

回答が不十分と考えられるレファレンス事例や、未解決のレファレンス事例を登録し、他の参加館からの助言を仰ぐことができるようになります。例えばコラボレーション(相互支援)のしくみとして、コメント機能が設けられており、登録したデータの質を高めることができます。

==

1.3 ガイドラインは、どのような性質を有しているか

1.3.1 ガイドラインは、どのような目的を有しているか

このガイドラインは、参加館によるデータ作成を支援し、かつ、データの公開を確実にするために作られています。

データ作成を支援するために、参加館の認識を共通のものにするための情報や、作成を容易にするための方法を解説しています。また、データ公開を確実にするため、データの質を確保し、作成される内容を標準化するための方策、公開の条件及びデータの質をさらに高めるための留意点について解説しています。

== ［詳細解説］ ===

(1)データ作成を支援するため

> **参加館の認識を共通のものにするための情報**

レファレンスサービスの捉え方や実施方法は、館種による違いが大きく、また、それぞれの図書館の方針によっても異なります。それゆえ、事業で扱う各データベースに関係する概要を整理し、参加館の共通認識が形成されるようにしています。

> **作成を容易にするための方法**

この事業で形成する4つのデータベースについて、それぞれのデータベースが、どのような項目から構成されているかを示し、データ・フォーマットにおいて、どのような内容を作成するのかを明記し、作成がしやすくなるようにしています。また、作成の目安となるように、サンプルを示しています。

(2)データの公開を確実にするため

> **データの質を確保するための情報**

各データベースにおいて、最低限記入されるべき項目、記すことが望ましい内容、適切な記し方等を示し、データの質を高めることを目指しています。

> **作成される内容を標準化するための方策**

作成されたデータは、参加館各様のものになりがちです。もちろん、個別の図書館の事

情から、統一することは不可能ですが、一般公開する以上、できる限り作成されたデータの質や記載方法が一定になることが望まれます。そこで、多くの図書館で無理なく適用できるような緩やかな基準を示し、標準化に役立つようにしています。

> **公開の条件**
> どのようなデータを公開することができるか、又は、公開にあたっては、どのような点に配慮すべきかを整理しています。

> **質をさらに高めるための留意点**
> データの質をさらに高めるための留意点を整理しています。とりわけ、参加館のコラボレーション（相互支援）が促進されるように、システムに備わっているコメント機能の意義と利用方法を提示し、質の改善に資することができるようにしています。また、検索の観点から、データを点検することの必要性を述べています。

==

1.3.2 参加館は、ガイドラインをどのように位置付ければよいか

このガイドラインは、データの作成と公開に関する最低限の緩やかな基準です。この基準に沿って作成されたデータは、一定の質を確保していると考えることができます。ただし、作成・公開されたデータに関する責任は、作成・公開者である参加館にあります。それゆえ、参加館では、データが適切に作成・公開されるよう、館内で必要な手続について整備することが求められます。

== ［詳細解説］===
参加館では、各館の状況を踏まえて、独自の方針又は基準のもとに、ガイドラインよりも厳しい制約を設けてもかまいません。例えば、次のような場合には、参加館の方針や基準に沿って、データを作成し、公開することができます。

- レファレンス質問の範囲をガイドラインよりも狭く取り扱うこと
- 作成するデータに関して、ガイドラインよりも厳しい制約を設けること
- 公開するデータに関して、ガイドラインよりも厳しい条件を設けること

==

第2章　レファレンス協同データベースの概要を知るために

2.1　レファレンス協同データベースは、どのような構造となっているか

2.2　レファレンス協同データベースには、どのような用途があるか

　2.2.1　レファレンス事例データには、どのような用途があるか
　2.2.2　調べ方マニュアルデータには、どのような用途があるか
　2.2.3　特別コレクションデータには、どのような用途があるか
　2.2.4　参加館プロファイルデータには、どのような用途があるか

2.1 レファレンス協同データベースは、どのような構造となっているか

レファレンス協同データベースは、4つのデータベースから構成されています。各データベースに収録されるデータは、次のように定義され、それぞれの項目は、レファレンス協同データベース標準フォーマットに基づいて規定されています。

(1)レファレンス事例データ
参加館で行われたレファレンスサービスの記録

(2)調べ方マニュアルデータ
特定のテーマやトピックに関する情報源の探索方法を説明した情報

(3)特別コレクションデータ
特定の主題、又は資料種類、資料形態から構成されるコレクションに関する情報

(4)参加館プロファイルデータ
レファレンス協同データベース事業の参加館に関する情報

図 1 データベースと利用者・図書館員の関係

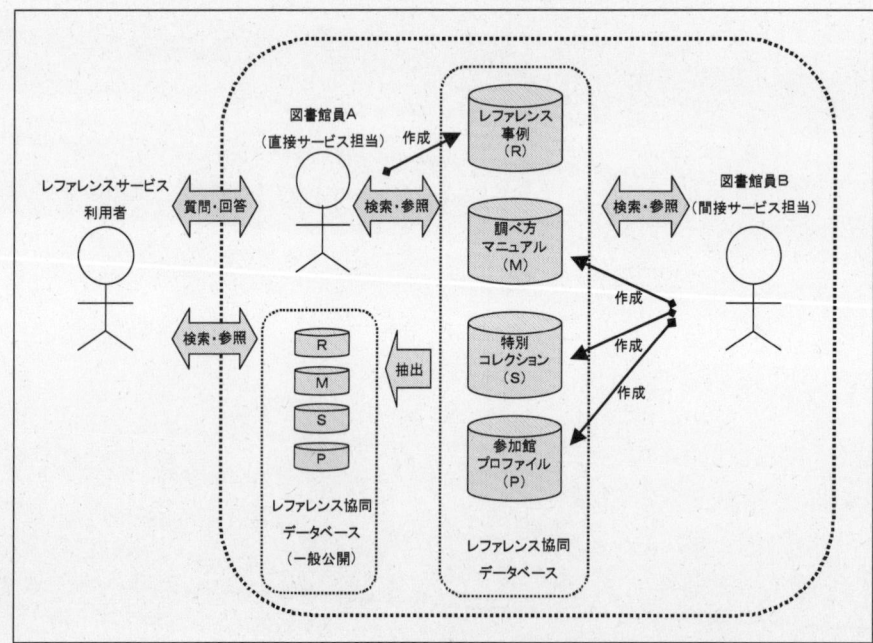

== ［詳細解説］==
◆4つのデータベースの関係
4つのデータベースは、図 1「データベースと利用者・図書館員の関係」に示すような関

係があります。
　レファレンス事例データは、レファレンスサービスの質問回答サービスの記録ですが、これが蓄積されることによって、特定主題に関する調べ方が厚みを増します。その結果、調べ方マニュアルデータの形成につながります。また、特別コレクションは、質問回答サービスにおいて、特徴あるコレクションを参照する必要が生じた際の情報源として位置付けられます。さらに、レフェラルサービスの対象となる類縁機関の情報源として参加館プロファイルデータが位置付けられます。

==

⇒ 関係する資料
　付録資料 1『レファレンス協同データベース標準フォーマット(データ作成者のための簡易マニュアル)』では、4 つのデータベースを構成する各項目の、記入すべき内容や記入上の注意、記入の必要性等を解説しています。
　各項目に記入すべき内容やその役割を理解した上で、参加館では、それぞれのレファレンスサービスの性格やデータの管理方法を踏まえ、どのような項目を記入するか、またどのように記入するのか、作成者間で意識を統一しておく必要があります。それゆえ、参加館は自館の方針を踏まえ、付録資料 1『レファレンス協同データベース標準フォーマット(データ作成者のための簡易マニュアル)』を参考に、独自にマニュアルを用意するとよいでしょう。

2.2　レファレンス協同データベースには、どのような用途があるか

2.2.1　レファレンス事例データには、どのような用途があるか

(1)参加館にとっての用途
- **情報源としての利用**
    類似の質問が寄せられた場合、それに回答するための情報源としたり、調査の手がかりとしたりすることができます。
- **研修のための利用**
    質問回答サービスの研修において、演習課題として利用できます。また、他館で利用されている情報源や調査のプロセスを閲覧することで、質問回答サービスの知識や技術を広げることができます。
- **サービスの改善のための利用**
    自館における過去のレファレンス事例を分析したり、傾向を把握したりする際に利用できます。また、レファレンスコレクションを評価する際の材料として利用できます。
- **広報のための利用**
    参加館のレファレンスサービス、特に質問回答サービスの説明資料として利用できます。説明は、利用者に対してばかりではなく、設置母体の関係者に対しても行えます。

(2)一般利用者にとっての用途
一般利用者にとっては、レファレンス情報源として活用することができます。

(3)図書館情報学教育に携わっている者にとっての用途
レファレンスサービスの事例研究や質問回答演習の課題例に活用することができます。

2.2.2 調べ方マニュアルデータには、どのような用途があるか

(1)参加館にとっての用途
- **情報源としての利用**
  類似の質問が寄せられた場合、それに対する調べ方(利用方法)を案内する際の情報源として利用できます。
- **研修のための利用**
  レファレンスサービス、とりわけ質問回答サービスの研修において、調べ方の知識や技術を修得するための教材として利用できます。
- **サービスの改善のための利用**
  自館での調べ方の問題点を発見したり、利用者への説明の仕方を改善したりすることに利用できます。
- **広報のための利用**
  参加館の利用案内(利用指導)や情報リテラシー教育の説明資料として利用できます。説明は、利用者に対してばかりではなく、設置母体の関係者に対しても行えます。

(2)一般利用者にとっての用途
一般利用者にとっては、自分で情報又は資料を調べる際に、その道筋を示した資料として活用することができます。

(3)図書館情報学教育に携わっている者にとっての用途
調べ方を教育する際の教材として活用することができます。

2.2.3 特別コレクションデータには、どのような用途があるか

(1)参加館にとっての用途
- **情報源としての利用**
  特徴のあるコレクションに収められている資料を情報源として回答する必要が生じた場合、その情報を検索することができます。
- **広報のための利用**
  参加館の特徴あるコレクションの存在を説明する際の資料として利用できます。説明は、利用者に対してばかりではなく、設置母体の関係者に対しても行えます。

(2)一般利用者にとっての用途
　一般利用者にとっては、特徴あるコレクションに関する情報源として活用することができます。

2.2.4　参加館プロファイルデータには、どのような用途があるか

(1)参加館にとっての用途
- **情報源としての利用**
　レファレンス事例データ、調べ方マニュアルデータ及び特別コレクションデータを作成した参加館に連絡を取りたい場合に用います。また、レフェラルサービスの対象館のデータベースとして用いることができます。

(2)一般利用者にとっての用途
　一般利用者にとっては、種々の機関について調べる際の情報源として活用することができます。

第3章 データを作成するために

3.1 レファレンス事例データは、どのように作成するか

  3.1.1 データ・フォーマットは、どのような構造となっているか
  3.1.2 データのもとになる情報には、何があるか
  3.1.3 中核的な情報は、どのように作成するか
  3.1.4 付加的な情報は、どのように作成するか
  3.1.5 作成したデータを、どのように点検するか

3.2 調べ方マニュアルデータは、どのように作成するか

  3.2.1 データ・フォーマットは、どのような構造となっているか
  3.2.2 データのもとになる情報には、何があるか
  3.2.3 中核的な情報は、どのように作成するか
  3.2.4 付加的な情報は、どのように作成するか
  3.2.5 作成したデータを、どのように点検するか

3.3 特別コレクションデータは、どのように作成するか

  3.3.1 データ・フォーマットは、どのような構造となっているか
  3.3.2 データのもとになる情報には、何があるか
  3.3.3 中核的な情報は、どのように作成するか
  3.3.4 付加的な情報は、どのように作成するか
  3.3.5 作成したデータを、どのように点検するか

3.4 参加館プロファイルデータは、どのように作成するか

  3.4.1 データ・フォーマットは、どのような構造となっているか
  3.4.2 データのもとになる情報には、何があるか
  3.4.3 中核的な情報は、どのように作成するか
  3.4.4 付加的な情報は、どのように作成するか
  3.4.5 作成したデータを、どのように点検するか

3.1 レファレンス事例データは、どのように作成するか

3.1.1 データ・フォーマットは、どのような構造となっているか

レファレンス事例データは、レファレンス事例データ・フォーマットに示すように、18 の項目から構成されています。またこれ以外に、画像を添付することができます。

これらの項目は、レファレンス質問の受付から、質問者への回答に至る情報を記す中核的な情報と、それらを効果的に検索し、利用するために必要な情報を記す付加的な情報に大別することができます。

図 2 レファレンス事例データの構造

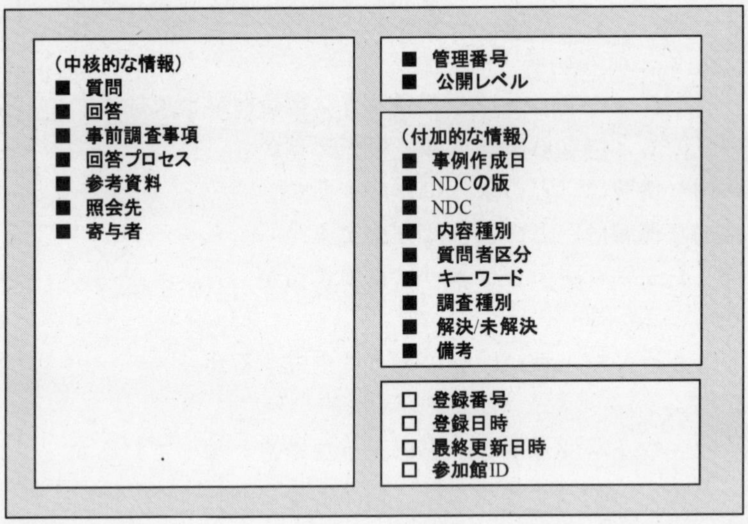

```
(中核的な情報)              ■ 管理番号
■ 質問                      ■ 公開レベル
■ 回答
■ 事前調査事項              (付加的な情報)
■ 回答プロセス              ■ 事例作成日
■ 参考資料                  ■ NDCの版
■ 照会先                    ■ NDC
■ 寄与者                    ■ 内容種別
                            ■ 質問者区分
                            ■ キーワード
                            ■ 調査種別
                            ■ 解決/未解決
                            ■ 備考

                            □ 登録番号
                            □ 登録日時
                            □ 最終更新日時
                            □ 参加館ID
```

(注)項目中、「管理番号」については、レファレンス事例データを適切に管理するため、参加館ごとに体系を決定する必要があります。レファレンス事例データの作成に取り掛かる前に、あらかじめ決定してください。

⇒ **関係する資料**

レファレンス事例データ・フォーマットについては、付録資料 1『レファレンス協同データベース標準フォーマット』を参照してください。

システムの操作方法については、『レファレンス協同データベース・システム利用マニュアル』及び『レファレンス事例データ入力用ワークシートマニュアル』を参照してください。

3.1.2 データのもとになる情報には、何があるか

レファレンス事例データの作成のもととなる情報には、基本的には、レファレンス記録票などに記載された情報や、文書、FAX 及び電子メールのレファレンスの記録があります。さらには、チャットレ

ファレンスの交信記録、協力レファレンスの記録、ならびに通常記録されることのないレファレンスインタビューやレファレンス担当者の情報探索のプロセスも、重要な情報源です。

図 3 データ作成の情報源とレファレンス事例データの関係図

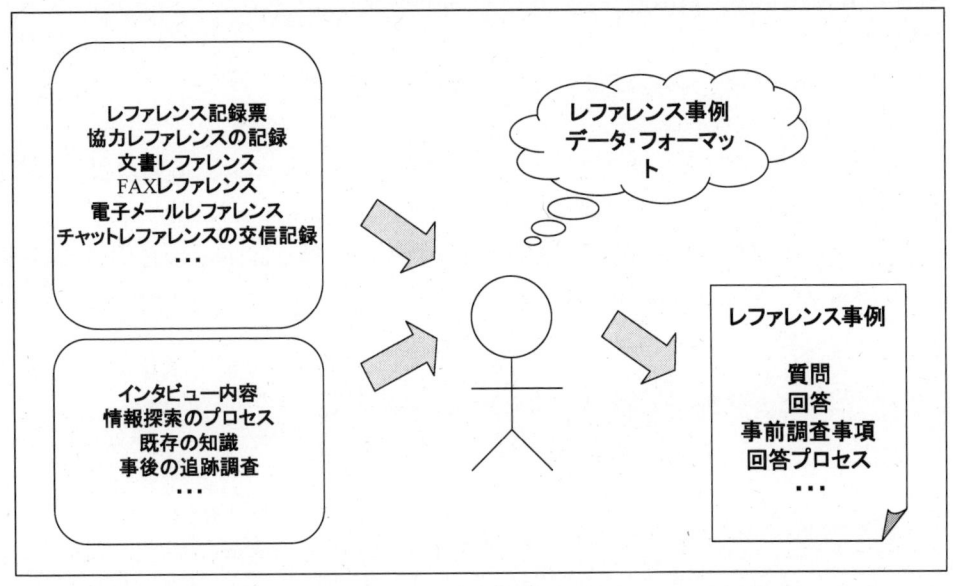

(注1) このガイドラインにおいて、レファレンス事例データを作成することとは、これらの情報を再整理し、レファレンス事例データ・フォーマットの各項目に切り分けて記入することを、意味します。

(注2) レファレンス事例データ作成の情報源は、形式が多様であるだけでなく、その内容も多様です。各参加館では、レファレンス事例データの作成の目的とその用途を確認し、どのような情報源からレファレンス事例データを作成するのか、それぞれ方針を決定する必要があります。

3.1.3 中核的な情報は、どのように作成するか

レファレンス事例データの項目のうち、レファレンス質問の受付から、質問者への回答に至る情報は、「質問」「回答」「事前調査事項」「回答プロセス」「参考資料」「照会先」「寄与者」に記入されます。

この中でも、利用者から受けた質問の内容と、その質問に対する回答の内容が、データの中心になります。これらの内容は、「質問」「回答」の2つの項目に記入されます。

さらに、回答に記入したデータを踏まえ、その内容を確実にするデータとして、次のものを記入します。

> 「事前調査事項」
> 利用者が事前に調べていたこと

- 「回答プロセス」
  回答するにあたって経た調査のプロセス
- 「参考資料」
  回答の情報源となる資料
- 「照会先」
  回答の情報源として、質問者に示した図書館外部の人・機関
- 「寄与者」
  レファレンス事例データの作成に際し，情報提供等をした図書館外部の人・機関

これらの内容が、「質問」「回答」の内容として十分に記載されていれば、個別の項目に記入する必要は必ずしもありません。特に、「回答」と「回答プロセス」は密接に関わり合いますので、「回答」の中に「回答プロセス」が書かれる場合もあります。いずれにしても、「回答」の必然性を裏付けるために、十分な情報が記載されることが必要です。

図 4 レファレンスサービスとレファレンス事例データの中核的情報

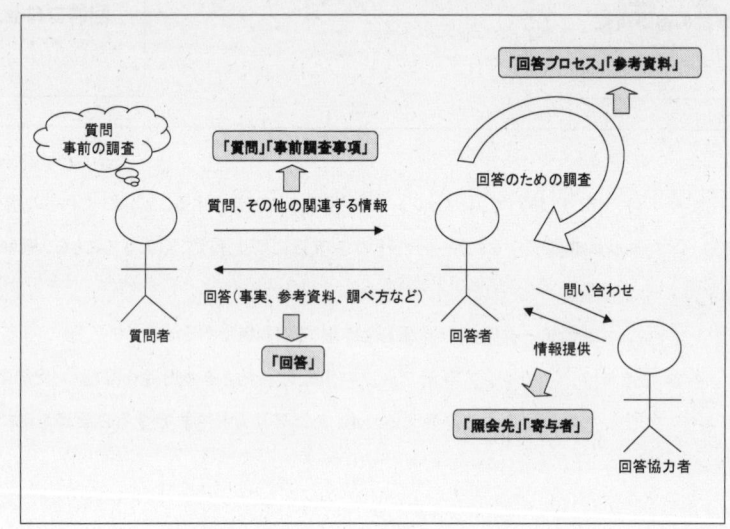

3.1.4 付加的な情報は、どのように作成するか

中核的なデータだけでは、十分なデータとは言えません。必要に応じて、その内容を付加する情報を記入する必要があります。

レファレンス事例データの検索を支援するため、「事例作成日」「NDC」「内容種別」「質問者区分」「キーワード」「調査種別」「解決／未解決」を付与します。これらの項目を付与することにより、効果的な検索を行うことが可能となります。

(1)時間を明らかにする

最初に、「事例作成日」を記入します。これは、参加館でレファレンス質問に対して回答した年

月日であり、記入されている内容が、どの時点における結果であるのかを明示するものとなります。「事例作成日」は、データの活用や維持管理を考える上で重要な項目です。

その後の調査で判明した内容を追記した場合又は事後調査に基づいて修正した場合には、追記や修正がいつ行われたのかわかるように、「回答」「回答プロセス」「備考」のいずれかに記入します。

- ポイント
 システム自動付与項目の「登録日時」「最終更新日時」により、レファレンス事例データをデータベースに登録した日時、最後に更新した日時は、管理されています。

(2)主題を明らかにする

> 「NDC」

主題別に検索することが可能になります。

> 「内容種別」

各館のデータ管理の実情に合わせた分類体系ですので、これを登録しておくことにより、担当者の必要な情報を抽出することができるようになります。

> 「キーワード」

データのテーマやトピックを示すものであり、多様な検索ができるようになります。各種の件名標目表やシソーラスを参考にしつつ、適切な検索語を付与することが必要です。また、この項目に、関係する人名や地名を記入すると、ブラウジング機能の対象になります。

(3)サービスのタイプを明らかにする

> 「調査種別」

調査の性格を絞り込んだ検索を行うことができるようになります。

> 「質問者区分」

質問者を絞り込んだ検索を行うことができるようになります。

> 「解決／未解決」

事例が質問回答サービスとして、解決したのか又は未解決なのかに応じた絞り込み検索が可能となります。この項目を「未解決」にすると、他の参加館からの協力を促すことができます。

⇒ 関係する資料
 作成のプロセスについては、付録資料 4『データの質を高めるための道しるべ』を参照してください。

3.1.5 作成したデータを、どのように点検するか

作成したデータの公開レベルの設定については、参加館が行います。公開レベルの決定については、第4章を参照してください。

作成したデータは、公開前に記述内容を点検します。点検においては、次のことを改めて確認してください。

(1)記載項目

データの内容が、データベースの用途に合致した活用をされるために、必要十分な記述がされているかを点検します。とりわけ、回答の典拠となる情報源が記入されているかは、レファレンス事例データにおいては重要です。また、「事例作成日」は、「回答」又は「回答プロセス」の信頼性を確保するために欠くことができません。

(2)参加規定

データの内容が、参加規定に反していないか点検します。まず、個人情報が記載されていないか確認してください。次に、公序良俗に反していないかどうか、確認してください。最後に、著作権法に抵触していないかどうか、精査してください。とりわけ、特定文献からの引用を含む場合には、著作者人格権を尊重し、所定の書式に従って出典を明記しなくてはなりません。こうした引用は、「回答」又は「回答プロセス」の項目において多く記されると予想されることから、これらの項目の記入には特に注意を要します。また、著作物の大半にわたるような大量の引用をしてはなりません。さらに、画像を添付する場合には、著作権法に抵触していないかどうか、慎重に検討する必要があります。こうした点は、「自館のみ参照」として登録する場合でも、点検が必要です。

(3)誤記

データの内容に、誤った情報が記載されていないか点検します。

3.2 調べ方マニュアルデータは、どのように作成するか

3.2.1 データ・フォーマットは、どのような構造となっているか

調べ方マニュアルデータは、調べ方マニュアルデータ・フォーマットに示すように、11の項目から構成されています。またこれ以外に、画像を添付することができます。調べ方マニュアルは、参加館それぞれの刊行物やホームページで、公開していることが多く、多様な形態で作成されています。そのため、データ・フォーマットは比較的シンプルな構造となっています。

これらの項目は、調べ方に関する情報を記述する中核的な情報と、それらを効果的に検索し、利用するために必要な情報を記す付加的な情報に大別することができます。

図 5 調べ方マニュアルデータの構造

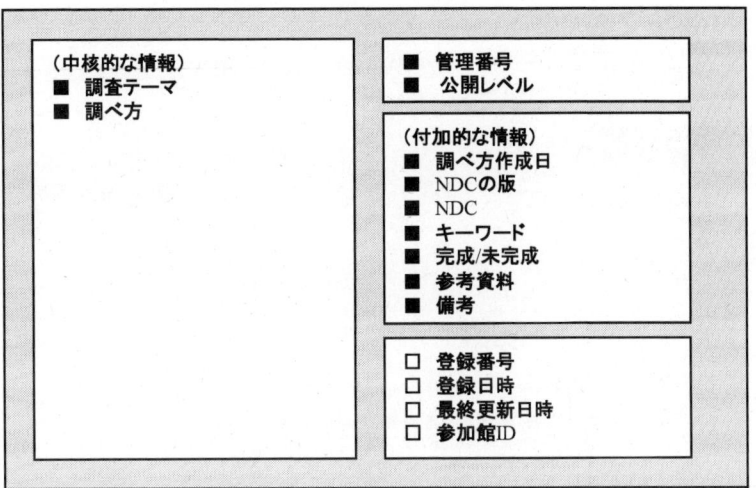

(注)項目中、「管理番号」については、調べ方マニュアルデータを適切に管理するため、参加館ごとに体系を決定する必要があります。調べ方マニュアルデータの作成に取り掛かる前に、あらかじめ決定してください。

⇒ 関係する資料

調べ方マニュアルデータ・フォーマットについては付録資料 1『レファレンス協同データベース標準フォーマット』を参照してください。

システムの操作方法については、『レファレンス協同データベース・システム利用マニュアル』及び『調べ方マニュアルデータ入力用ワークシートマニュアル』を参照してください。

3.2.2 データのもとになる情報には、何があるか

調べ方マニュアルデータの作成のもととなる情報源は、そのテーマの入門書や基本的な図書、専門事(辞)典、百科事典、時事用語辞典、ハンドブック、主題書誌、索引、抄録誌、参考文献リスト、雑誌、最新動向レビュー、会議録、統計情報、その他の索引、他館 OPAC、ウェブ情報、出版情報等、あらゆるものが情報源となります。また、レファレンス協同データベースに登録されているレファレンス事例データや他の調べ方マニュアルデータも有力な情報源となります。

図 6 データ作成の情報源と調べ方マニュアルデータの関係図

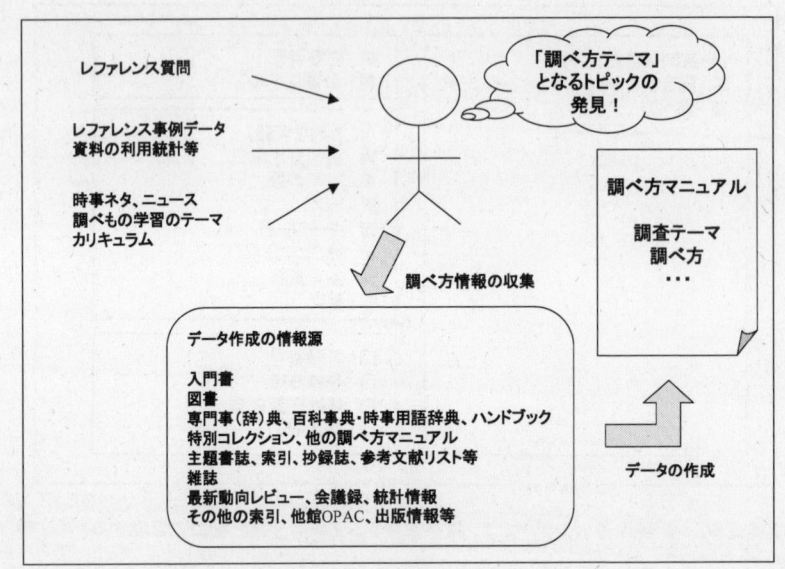

（注）このガイドラインにおいて、調べ方マニュアルデータを作成することとは、これらの情報源を幅広く確認し、想定利用者別に、選定し、解説することを意味します。

　調べ方マニュアルデータは、特定のテーマ、トピックに関する調べ方を、特定の利用者グループのために編集した付加価値の高い情報です。データの作成にあたっては、「何について」、「誰のために」作成するのかを意識し、情報源を十分な時間をかけて幅広く確認し、評価することが必要となります。

　各参加館では、調べ方マニュアルの作成の目的とその用途を確認し、どのようなテーマについて、作成に取り組んでいくのか、方針を決定する必要があります。

3.2.3　中核的な情報は、どのように作成するか

　調べ方マニュアルデータの項目のうち、調べ方に関する中核的な情報は、「調査テーマ」「調べ方」に記入されます。

(1)調査テーマを決定する

　調べ方マニュアルの作成にあたっては、まず、テーマを設定し、「調査テーマ」に記入します。
　このテーマの設定にあたっては、利用者の情報ニーズの分析に基づいて、一定量の情報ニーズがあったもの、又は今後見込まれるものを取り上げます。このため、情報ニーズの分析には、すでに登録されているレファレンス事例データや、参加館で保持している各種の利用統計等を総合的に利用します。また地域の学校の調べもの学習のテーマや、大学のカリキュラムや課題、時事的なニュース等も、今後参加館に寄せられる情報ニーズの把握には欠かせない情報源となり

ます。

(2)情報の整理を行う

　設定した調査テーマの調べ方をまとめるために必要な情報を収集します。この情報の収集にあたっては、検索語の調査が重要になります。件名標目表やシソーラス等を活用しながら、検索語を決定し、3.2.2 で解説した情報源から、適切な情報を収集し、整理していきます。

(3)適切な情報を選定し、作成する

　収集した情報について、誰のための調べ方マニュアルなのかを意識しながら、選定し、再整理し、「調べ方」として記入します。

3.2.4　付加的な情報は、どのように作成するか

　データの核となる項目の記入に続いて、これらの内容を付加する情報を記入します。
　調べ方マニュアルデータの検索を支援するため、「調べ方作成日」「NDC」「キーワード」「完成／未完成」を付与します。これらの項目を付与することにより、次のような検索を行うことが可能となりますので、できる限り登録してください。

(1)時間を明らかにする

　最初に、「調べ方作成日」を記入します。これは、最初に調べ方マニュアルが作成された年月日であり、記入されている内容が、どの時点における結果であるのかを明示するものとなります。「調べ方作成日」は、データの活用や維持管理を考える上で重要な項目です。

> □　ポイント
> 　システム自動付与項目の「登録日時」「最終更新日時」により、調べ方マニュアルデータをデータベースに登録した日時、最後に更新した日時は、管理されています。

(2)主題を明らかにする

　調べ方マニュアルデータの検索を支援するため、「NDC」「キーワード」「完成／未完成」を付与します。これらの項目を付与することにより、次のような検索を行うことが可能となりますので、できる限り記入してください。

- 「NDC」
　主題別に検索することが可能になります。
- 「キーワード」
　広範な情報を取り扱う多数の調べ方マニュアルの中から適切な調べ方マニュアルを見つけるため、重要な項目です。各種の件名標目表やシソーラスを参考にしつつ、適切な検索語を付与することが必要です。
- 「完成／未完成」
　調べ方が完成しているのか又は未完成なのかに応じた絞り込み検索が可能となり、用途に

応じた活用を促すことができます。

□　ポイント

データを利用する者を明確に想定できる場合には、「備考」にその情報を記載することを推奨します。
また、調べ方マニュアルは、参加館それぞれの刊行物やホームページで、表示方法やレイアウト等を工夫し、公開しているケースが多くあります。これらの情報は、「備考」に記入するか、画像の添付機能を用いてPDF形式のデータを公開することを推奨します。

⇒　関係する資料

作成のプロセスについては、付録資料 4『データの質を高めるための道しるべ』を参照してください。

3.2.5　作成したデータを、どのように点検するか

作成したデータの公開レベルの設定については、参加館が行います。公開レベルの決定については、第4章を参照してください。
作成したデータは、公開前に記入内容を点検します。点検においては、次のことを改めて確認してください。

(1)記載項目

データの内容が、データベースの用途に合致した活用をされるために、必要十分な記述がされているかを点検します。

(2)参加規定

データの内容が、参加規定に反していないか点検します。まず、個人情報が記載されていないか、確認してください。次に、公序良俗に反していないかどうか、確認してください。最後に、著作権法に抵触していないかどうか、精査してください。とりわけ、「調べ方」の中には、情報源の書誌データが記されることが多いと予想されるので、著作者人格権を尊重し、所定の書式に従って記入する必要があります。また、「調べ方」に関わって、著作物の大半にわたるような大量の引用をしてはなりません。さらに、画像を添付する場合には、著作権法に抵触していないかどうか、慎重に検討する必要があります。こうした点は、「自館のみ参照」として登録する場合でも、点検が必要です。

(3)誤記

データの内容に、誤った情報が記載されていないか点検します。

3.3 特別コレクションデータは、どのように作成するか

3.3.1 データ・フォーマットは、どのような構造となっているか

特別コレクションデータは、特別コレクションデータ・フォーマットに示すように、11の項目から構成されています。またこれ以外に、画像を添付することができます。

これらの項目は、特別コレクション自体の情報である中核的な情報と、特別コレクションを利用するために必要な情報である付加的な情報に大別することができます。具体的には、次のようになります。

図 7 特別コレクションデータの構造

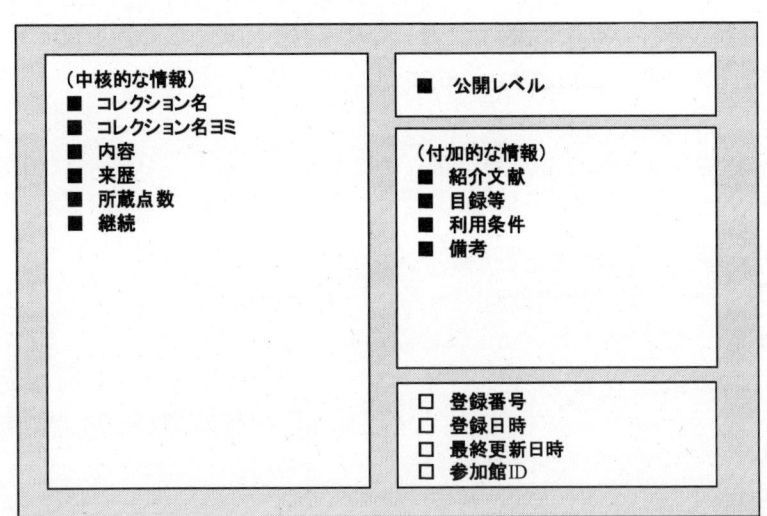

⇒ 関係する資料
　特別コレクションデータ・フォーマットについては、付録資料 1『レファレンス協同データベース標準フォーマット』を参照してください。
　システムの操作方法については、『レファレンス協同データベース・システム利用マニュアル』を参照してください。

3.3.2 データのもとになる情報には、何があるか

特別コレクションデータの作成のもととなる情報には、特別コレクション自体の属性情報のほか、そのコレクションを紹介している資料、そのコレクションに含まれる資料を検索するための目録などがあります。

特別コレクションは、各図書館の所蔵資料ですので、特別コレクションデータの作成の目的とその用途を確認し、十分な情報を提供する必要があります。

3.3.3 中核的な情報は、どのように作成するか

　特別コレクションデータの項目のうち、中核的な情報は、「コレクション名」「コレクション名ヨミ」「内容」「来歴」「所蔵点数」「継続」に記入します。
　特別コレクションの受入が継続していない限り、これらの内容は、一度記載すれば特に維持管理を必要としない項目です。特に公刊している情報がある場合には、それらをもとに、十分な記入をする必要があります。

3.3.4 付加的な情報は、どのように作成するか

　データの核となる項目の記入に続いて、これらの内容を付加する情報を記入します。この項目には、「紹介文献」「目録等」「利用条件」があり、次のような内容となります。

(1) 内容をより詳細にするための情報を明らかにする
- 「紹介文献」
  特別コレクションの内容をより詳しくするための手段を記入します。具体的には、特別コレクションを紹介している本や雑誌、ウェブサイト等の情報です。
- 「目録等」
  特別コレクションを構成する資料を検索するための手段を記入します。具体的には、資料を検索するための冊子目録、Finding Aids、OPAC、デジタルアーカイブ等の情報です。

(2) 利用条件を明らかにする
- 「利用条件」
  特別コレクションを利用するための制限事項等を記入します。

　　□　ポイント
　　　連絡先等については、原則として参加館プロファイルデータを参照するようにしますが、参加館プロファイルデータに掲載されている情報と異なる場合には、「備考」等に記入してください。これらの情報は、特別コレクションの継続の有無に関わらず、変化するものです。常に最新の情報となるよう、必要に応じて更新する必要があります。なお、コレクションを所蔵する機関に関する情報については、参加館 ID により参加館プロファイルデータと関連付けられています。このことを踏まえ、参加館プロファイルデータにも十分な情報が記入されているか、合わせて確認してください。参加館プロファイルデータの作成方法については、3.4 を参照してください。

　　⇒　関係する資料
　　　作成のプロセスについては、付録資料 4『データの質を高めるための道しるべ』を参照してください。

3.3.5 作成したデータを、どのように点検するか

　作成したデータの公開レベルの設定については、参加館が行います。公開レベルの決定については、第4章を参照してください。
　作成したデータは、公開前に記入内容を点検します。点検においては、次のことを改めて確認してください。

(1)記載項目
　データの内容が、データベースの用途に合致した活用をされるために、必要十分な記述がされているかを点検します。

(2)参加規定
　データの内容が、参加規定に反していないか点検します。まず、個人情報が記載されていないか、確認してください。次に、公序良俗に反していないかどうか、確認してください。最後に、著作権法に抵触していないかどうか、精査してください。特別コレクションに収められている資料の書誌データを記述する際には、特に注意を要します。さらに、画像を添付する場合には、著作権法に抵触していないかどうか、慎重に検討する必要があります。こうした点は、「自館のみ参照」として登録する場合でも、点検が必要です。

(3)誤記
　データの内容に、誤った情報が記載されていないか点検します。

3.4　参加館プロファイルデータは、どのように作成するか

3.4.1　データ・フォーマットは、どのような構造となっているか

　参加館プロファイルデータは、データ・フォーマットに示すように、20の項目から構成されています。またこれ以外に、画像を添付することができます。
　これらの項目は、連絡先となる中核的な情報と、それに基づいて参加館をより効果的に活用するために必要な情報を記す付加的な情報から構成されます。

図 8 参加館プロファイルデータの構造

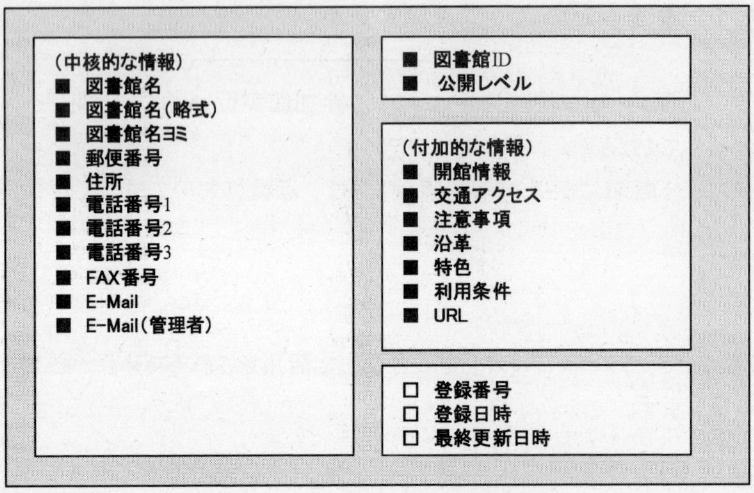

```
(中核的な情報)                    ■ 図書館ID
■ 図書館名                        ■ 公開レベル
■ 図書館名（略式）
■ 図書館名ヨミ                    (付加的な情報)
■ 郵便番号                        ■ 開館情報
■ 住所                            ■ 交通アクセス
■ 電話番号1                       ■ 注意事項
■ 電話番号2                       ■ 沿革
■ 電話番号3                       ■ 特色
■ FAX番号                         ■ 利用条件
■ E-Mail                          ■ URL
■ E-Mail（管理者）

                                  □ 登録番号
                                  □ 登録日時
                                  □ 最終更新日時
```

⇒ **関係する資料**

参加館プロファイルデータ・フォーマットについては、付録資料1『レファレンス協同データベース標準フォーマット』を参照してください。

システムの操作方法については、『レファレンス協同データベース・システム利用マニュアル』を参照してください。

3.4.2 データのもとになる情報には、何があるか

参加館プロファイルデータの作成のもととなる情報は、参加館自体の属性情報です。

事業で公開しているデータに関する問い合わせ先や協力レファレンスの依頼先を参照する用途があることから、運用体制の整備を踏まえて情報を整理することが必要です。また、レファレンスサービスの情報源となる十分な情報を提供するため、サービスや蔵書の特徴に関する情報を整理することも必要です。

3.4.3 中核的な情報は、どのように作成するか

事業への参加、データの公開に付随して、相応の連絡業務が発生します。連絡先は、適切に記入するとともに、定期的に確認してください。また、併せて、それらの連絡先に問い合わせがあった際の対応についても、体制を整えておく必要があります。

事業に参加する他の参加館からは、公開しているデータに関する問い合わせや、蔵書やサービスの特徴に応じた協力レファレンスの依頼が入ります。また、一般利用者からも、公開しているデータに関する問い合わせや、レファレンス質問が入ります。

参加館は、館種も規模も多様ですので、「電話番号」については3つまで記入できるようにしています。それぞれの電話番号は、どのような連絡のためのものか、明記してください。
　また「E-Mail」も、2つまでアドレスを記入できますが、「E-Mail（管理者用）」は、事務局との連絡用であり、一般利用者と他の参加館に非公開となる情報です。一方「E-Mail」は、レファレンス質問の受付用のアドレスを記入します。電子メールでの質問を受け付ける場合には、この欄にそのアドレスを記入してください。また、参加館からのみの連絡に限定する等、利用を限定する場合には、その旨を明記してください。

3.4.4　付加的な情報は、どのように作成するか

　データの核となる項目の記入に続いて、これらの内容を付加する情報を記入します。

(1)参加館の性格を明らかにする
　参加館の蔵書やサービスの特徴、またそれらの原因となる歴史的な特徴は、「沿革」と「特色」に切り分けて記入します。特に個性的な性格を持つ図書館については、これらの情報がレファレンスサービスの情報源となりますので、十分な情報を記入してください。

(2)利用条件を明らかにする
　「注意事項」は、各参加館が提供しているデータの利用にあたっての注意が必要な事項を記入する項目です。

(3)アクセスに必要な情報を明らかにする
　参加館のサービスを利用するにあたっての制約事項や方法は、「利用条件」「開館情報」「交通アクセス」に記入します。
　参加館で自館のホームページを開設している場合には、すべての情報の内容を保証するため、そのアドレスを「URL」に記入してください。

3.4.5　作成したデータを、どのように点検するか

　作成したデータの公開レベルの設定については、参加館が行います。公開レベルの決定については、第4章を参照してください。
　作成したデータは、公開前に記入内容を点検します。点検においては、次のことを改めて確認してください。

(1)記載項目
　データの内容が、データベースの用途に合致した活用をされるために、必要十分な記述がされているかを点検します。

(2)参加規定

データの内容が、参加規定に反していないか点検します。まず、公序良俗に反していないかどうか、確認してください。次に、著作権法に抵触していないかどうか、精査してください。こうした点は、「自館のみ参照」とする場合でも、点検が必要です。

(3)誤記

データの内容に、誤った情報が記載されていないか点検します。

> ⇒ 関係する資料
> 作成のプロセスについては、付録資料 4『データの質を高めるための道しるべ』を参照してください。

第4章　データを公開するために

4.1　公開にあたって知っておくべきことは何か

　4.1.1　公開するために注意すべきことを確認する
　4.1.2　公開レベルの構造を理解する

4.2　公開してはならないデータとは何か

　4.2.1　プライバシーを尊重する
　4.2.2　質問者の特定化を避ける
　4.2.3　表現に注意する

4.3　公開の条件とはどのようなものか

　4.3.1　参加館公開の条件を知る
　4.3.2　一般公開の条件を知る

4.1 公開にあたって知っておくべきことは何か

4.1.1 公開するために注意すべきことを確認する

データを公開するにあたっては、データの最低限の質を確保する必要があります。そのためには、次のことに対して理解する必要があります。
- 公開してはならないデータを知ること
  ⇒ 公開してはならないデータとはどのようなデータであるのか、4.2の説明で理解します。
- 公開レベルの条件を知ること
  ⇒ 公開レベルを選択する際の目安や条件を、4.3の説明で理解します。

これらのことを理解する前提として、公開の意義、公開の条件及び公開に伴う責任について、確認する必要があります。

> ⇒ 関係する資料
> 第4章の記述内容については、付録資料3『レファレンス協同データベース・データ公開基準(一覧表)』も併せて参照してください。

(1)公開の意義

レファレンス協同データベースを公開することは、参加館のレファレンスサービスの向上に資するとともに、利用者や図書館情報学の研究者にとって有用な情報源の提供につながります。さらに、図書館で行われている専門的な業務のコアに位置付けられるレファレンスサービスの存在を広く国民に示す機会ともなります。レファレンスサービスの存在価値を広めるためには、まず利用してもらうことが一番であるという意見をしばしば耳にします。それゆえ、多くのデータを公開し、レファレンスサービスとして、どのような活動が行われているかを示すことは、レファレンスサービスを発展させるための有効な手段でもあると考えられます。

レファレンス協同データベースでは、それぞれのデータについて、公開範囲を、「参加館公開」又は「一般公開」に設定することができますが、公開の意義を踏まえて、作成したデータは、できる限り「一般公開」とすることが望まれます。

(2)公開の条件

公開の条件を満たしている場合、データは、それぞれの公開レベルにおける質を確保していることが必要になります。ただし、この条件は、データを公開するための最低限のものです。それゆえ、さらに質の高いデータを作成することを目指す場合には、第5章を参考にしてください。

(3)公開に伴う責任

公開したデータの内容に対する責任は、各参加館が持つことになります。また、データの維持管理にも配慮することが求められます。公開に対する責任を十分に果たすために、各参加館では、次のことが重要となります。

> ➤ 体制づくり

レファレンスサービスの現在の組織や人員等の状況を点検し、この事業への取り組みが可能になるような体制づくりが求められます。
- ➢ **規程類の整備**
  4.2 以下に示した目安、条件、留意点等に基づいて、自館のレファレンスサービスの方針や規程等を見直したり、新たに策定したりすることが望まれます。

4.1.2 公開レベルの構造を理解する

レファレンス事例データ、調べ方マニュアルデータ、特別コレクションデータを公開しようとする場合、「参加館公開」又は「一般公開」のいずれかを選択することができます。

(1)参加館公開
作成したデータの中で、一定の条件を満たしているデータを、「参加館公開」とすることができます。条件は、4.3.1 に示しています。

(2)一般公開
「参加館公開」とすることができるデータの中で、さらに所定の条件を満たしているデータを、「一般公開」とすることができます。条件は、4.3.2 に示しています。

(3)自館のみ参照
次のようなデータは、参加規定に反していない限り、「自館のみ参照」として、データベースに登録することができます。
- ➢ 「参加館公開」の条件を満たしていないデータ
- ➢ 「参加館公開」の条件を満たしているが、参加館の方針や規程との関係で、公開しないと判断したデータ

== ［詳細解説］ ==
参加館の方針や規程との関係で、「自館のみ参照」と判断するデータには，次のようなものが該当すると考えられます。
(1)現時点で作成されているデータの表現や書式をさらに整えてから公開しようと判断している場合
(2)レファレンス事例データ並びに調べ方マニュアルデータにおいて、「参加館公開」又は「一般公開」とされていたデータを新しいものに差し換えたときに、古いデータを残す場合
(3)レファレンス事例データにおいて、十分な調査が行われなかったり、未解決であったりする場合で、さらに自館で調査を進めてから公開しようと判断している場合
==

4.2 公開してはならないデータとは何か

4.2.1 プライバシーを尊重する

　レファレンス事例データ、調べ方マニュアルデータ、特別コレクションデータのいずれにおいても、個人のプライバシーを尊重することが必要です。記載されるデータ中に、個人名が記されていないことを確認する必要があります。ただし、個人名といっても、歴史上の人物及び社会的に著名な人物である場合は、この限りではありません。

4.2.2 質問者の特定化を避ける

　プライバシーの尊重とも関係しますが、特に、レファレンス事例データの場合、質問者が第三者に特定化されないよう記載することが必要となります。個人名が記されていなくても、「質問」、「事前調査事項」、「質問者区分」等から、質問者が特定されてしまう可能性がまったくないとは言えないからです。レファレンス質問は図書館利用者の個別の問題意識や課題に基づいていますので、この点を点検しなくてはなりません。

4.2.3 表現に注意する

　データを公開する際には、記入する文章や語句の表現が次のものに相当していないかどうか確認し、必要に応じて修正したり、削除したりすることが必要です。

- 差別的な表現が使用されている場合
- 誹謗・中傷に相当する表現が使用されている場合
- わいせつな表現が使用されている場合
- その他、読み手に不快な念を与える表現であると判断される場合

== ［詳細解説］ ==
- ◆ **質問者が特定されやすい質問**
  質問者の特定を避けるため、次のような質問には、注意を要します。
  (1)公立図書館における庁内からのレファレンス質問
  (2)大学図書館における学内部署や教員からのレファレンス質問
  (3)各図書館における医療関係のレファレンス質問
  (4)特定地域の学校からの質問のように、狭いコミュニティでのレファレンス質問
- ◆ **プライバシー及び質問者の特定化に対する考え方**
  特定個人のプライバシーに関するレファレンス質問は、受け付けないのが一般的です。しかし、質問者の親族に関する質問等、一部例外があります。こうした場合や質問者個人が特定される可能性がある場合でも、レファレンス事例データとしての質が高かったり、他に代えること

のできない貴重なものであったりする際には、質問者が特定されないよう質問内容等を工夫し、公開することができます。また、質問者個人が特定される可能性がある場合には、公開に関する意思確認を質問者に対して行い、同意を得ておくというやり方もあります。なお、同意を得て公開した場合には、その旨を備考に記すことが望まれます。

　この問題と関係することとして、公務員の守秘義務について、確認をしておく必要があります。公務員の守秘義務は、地方公務員法34条、国家公務員法100条に規定されています。図書館利用者の質問は、職務上知り得た秘密の一部でもあることから職務の一環に明確に位置付けられている場合を除き、みだりに他者に広めるべきものではありません。しかし、レファレンス事例データとして作成し、一般公開することは、質問者が特定されない限りにおいて、しかも、職務の一環として使用するという限定的かつ明確な目的に沿った場合であるので、法的な問題は生じません。ただし、守秘義務との関係については、十分に理解しておくことが必要です。

==

4.3　公開の条件とはどのようなものか

4.3.1　参加館公開の条件を知る

(1)レファレンス事例データ

　参加館が、レファレンス事例データを他の参加館に公開しようとする場合には、下記の条件すべてを満たしている必要があります。1つでも満たしていない場合には、「参加館公開」とすることができません。

① 個人のプライバシーが尊重されていること
② 質問者の特定につながる恐れがないこと
③ 差別表現等の点で問題がないこと

(2)調べ方マニュアルデータ、特別コレクションデータ、参加館プロファイルデータ

　参加館が、調べ方マニュアルデータ、特別コレクションデータ、参加館プロファイルデータを、他の参加館に公開しようとする場合には、下記の条件すべてを満たしていることが求められます。1つでも条件を満たしていない場合には、「参加館公開」とすることができません。

① 個人のプライバシーが尊重されていること
② 差別表現等の点で問題がないこと

　　□　ポイント
　　参加館プロファイルデータは、公開レベルを「自館のみ参照」とすることはできません。必ず、「参加館公開」又は「一般公開」としてください(ガイドライン4.3.2参照)。

== ［詳細解説］ ==
◆ 積極的な参加館公開
　作成したデータが次のような場合でも、条件を満たしているならば、「自館のみ参照」とせず、積極的に「参加館公開」にすることが望まれます。
> **作成されたデータが、表現や書式の点で不十分であり、中間段階のものである場合**
　中間段階でも、参加館に示して十分に役立つことがあります。
> **レファレンス事例データにおいて、未解決である場合**
　他の参加館からコメントが得られることがあります。
==

4.3.2　一般公開の条件を知る

(1)レファレンス事例データ

　参加館がレファレンス事例データを一般公開しようとする場合には、4.3.1 に示した参加館公開の条件に加えて、次の①から⑥の条件を満たしていることが求められます。

① 中核的な情報が記入されていること
② 記載内容に関する典拠となる情報源（出典、照会先、寄与者等）が適切な記載方法で記入されていること
③ 「事例作成日」が記入されていること
④ 歴史上の人物や著名人に関する事例の場合に、公開された確かな情報源に基づいており、かつ、個人情報に対する配慮がなされていること
⑤ 過去の事例の場合、現在でも内容が適切であると判断できること
⑥ 未解決事例の場合、調査のプロセスが記入されていること

(2)調べ方マニュアルデータ

　参加館が調べ方マニュアルデータを一般公開しようとする場合には、4.3.1 に示した参加館公開の条件に加えて、次の①から③の条件を満たしていることが求められます。

① 中核的な情報が記入されていること
② 「調べ方作成日」が記入されていること
③ 過去の事例の場合、現在でも内容が適切であると判断できること

(3)特別コレクションデータ

　参加館が特別コレクションデータを一般公開しようとする場合には、4.3.1 に示した参加館公開の条件に加えて、中核的な情報が記入されていることが求められます。

(4)参加館プロファイルデータ

　参加館が、レファレンス事例データ、調べ方マニュアルデータ及び特別コレクションデータの

いずれか1つでも「一般公開」としている場合には、これに準じて、参加館プロファイルデータを「一般公開」とすることが必要です。

== ［詳細解説］ ==
(1) レファレンス事例データ
◆ データの質の確保
レファレンス事例データを一般公開するための条件は、データの質を保持するためのものです。

レファレンス事例データを一般公開するための条件として、①はもちろん必要ですが、②は、図書館のレファレンスサービスが、典拠（資料等）に基づくことを原則としていることから重要となります。事実調査に関するレファレンス事例データの場合、典拠が示されていないものは、原則として一般公開すべきではありません。また、このデータを見た人が、同じ情報源にたどり着くことができるように、適切に記入しなければなりません。

③は、データの有効期限との関係から重要です。「回答」及び「回答プロセス」は、レファレンス質問を受け付けて回答した時点で有効とされる内容になります。したがって、「事例作成日」が記入されていないと、「回答」及び「回答プロセス」の信頼性を確保できないことにつながります。

④は、人物調査に関する条件です。この事例を公開する場合には、公開された確かな情報源に基づいていることが必要です。また、名簿等の情報源に個人の住所や電話番号等の個人情報が表示されている場合でも、レファレンス事例データとしては削除する等、適切な配慮をすることが必要になります。

レファレンス事例データは、古くなったから一般公開すべきではないと、機械的に判断することはできません。「回答」の情報源が古くなっても、調査のプロセスが一般的に有効であることも少なくないため、⑤に基づく判断を行います。また、⑥は、未解決であっても、調査のプロセスが役立つレファレンス事例があることを踏まえています。

◆ 積極的な一般公開
下記のようなレファレンス事例データに関しては、積極的に一般公開することが望まれます。

- 図書館の質問回答サービスの特徴・性質が明確になると判断される場合
- 参加館独自のレファレンス事例であると判断される場合
    （例）公立図書館ならば、地域に関係するものや、大学図書館や専門図書館ならば、特定主題に基づく専門的な内容のもの
- 「質問」、「回答」又は「回答プロセス」が優れており、利用者の調査活動に資すると判断される場合
- 「質問」、「回答」又は「回答プロセス」が、図書館情報学教育の活動に資すると判断される場合
    （例）質問回答演習の良い課題になると考えられるもの
- すでに他の参加館から一般公開されているデータと同一又は類似の内容を取り扱っている場合
    （例）同一の質問に対して異なる情報源を用いて回答したものなど、データの基盤

を強固にし、参考になるもの

(2) 調べ方マニュアルデータ
◆ 積極的な一般公開

下記のような調べ方マニュアルデータに関しては、積極的に一般公開することが望まれます。

- 図書館の利用案内(指導)や情報リテラシー教育の特徴を表すものと判断される場合
- 参加館独自の調べ方であると判断される場合
  (例)公立図書館ならば、地域に関係する内容の調べ方であったり、大学図書館や専門図書館ならば、かなり特化したテーマに関する調べ方であったりする場合
- 調べ方が優れており、一般利用者の役に立つと考えられる場合
- 調べ方が優れており、図書館情報学教育の教材になると判断される場合
- すでに他の参加館から一般公開されているデータと同一又は類似の内容を取り扱っている場合

(3) 特別コレクションデータ
◆ 積極的な一般公開

次のような特別コレクションデータに関しては、積極的に一般公開することが望まれます。

- 特別コレクションの存在を示すことによって、利用者の役に立つと考えられる場合
- 特別コレクションの存在を示すことによって、利用の促進につながると考えられる場合

===

第5章　データの質をさらに高めるために

5.1　データの質を高め、維持するポイントを知る

　5.1.1　レファレンス事例データの質を高めるポイントは何か
　5.1.2　調べ方マニュアルデータの質を高めるポイントは何か

5.2　コラボレーション（相互支援）機能を活用する

　5.2.1　コメント機能は、どのように用いるものか
　5.2.2　コメントに対しては、どのような対応をすればよいか

5.3　検索機能を活用する

　5.3.1　検索機能を理解し、データの検索性を高める
　5.3.2　他のデータを参照し，質の高いデータに学ぶ

5.1 データの質を高め、維持するポイントを知る

5.1.1 レファレンス事例データの質を高めるポイントは何か

(1)データ作成上の配慮
- データを作成する際には、複数の担当者で確認することが必要です。特に、公開のための条件が満たされているかどうかについては、慎重に対応する必要があります。
- 「質問」、「回答プロセス」及び「回答」を読むことによって、どのようなレファレンス質問が寄せられ、どのような手順で調査が行われ、その結果、どのような回答がなされたか、容易に辿ることができるかどうかを目安にし、記載内容の点検を行います。

(2)データ記入上の工夫
- レファレンス事例データの「回答」又は「回答プロセス」に記載する調査のプロセスは、内容が長くなることがあります。記載が長くなるような場合には、注を付与して本文を簡潔にしたり、記載内容を箇条書きにしたり、適宜工夫をし、読みやすくなるようにします。
- 各データの項目の意義を理解し、適宜、書き分けることが必要です。特に、「回答プロセス」と「回答」を書き分けると読みやすくなります。もちろん、書き分けることが難しい場合には、調査のプロセスを含んだ内容を「回答」に記載し、「回答プロセス」の項目には、(「回答」に記載)といった表示をするとよいでしょう。

(3)表記に対する配慮
- 図書館の専門用語、慣用表現、省略形等を安易に用いないようにします。仮に用いる必要がある場合にも、前後の文脈から、定義や概念が類推できるように、簡略な説明を加えて記載します。
- 読みが難しい人名や地名、その他の固有名には、読み(かな)を補記します。特定することが難しい人名や地名には、生没年や職業、都道府県名等を補記します。
- 外国語を訳出して記載する場合は、原綴を付記します。また、外来語として定着していないカナ表記にも、原綴を補記するとよいでしょう。さらに、一般に使用されない頭字語や省略語には、原綴の完全形(フル表記)を添えます。
- 外国人名をカナ表記する場合には、原綴を付記します。

(4)質の保持への努力
- コメントが寄せられているかどうかを定期的に確認し、そのコメントを記載内容に活かすよう対応します。コメントの活用については、5.2 を参照してください。
- 参加館において質が高いと考えるデータや、公開することによってレファレンスサービスを強くアピールすると判断したデータは、定期的に点検し、必要に応じて改善しましょう。

5.1.2 調べ方マニュアルデータの質を高めるポイントは何か

(1)データ作成上の配慮
- データを作成する際には、複数の担当者で確認することが必要です。特に、4.3 に記した条件が満たされているかどうかについては、特に慎重に対応する必要があります。
- 調べ方を読むことによって、どのような手順で調査を行うことが効果的か、容易に辿ることができるかどうかを目安にし、記載内容の点検を行います。

(2)データ記入上の工夫
- 調べ方は、記載する内容が長くなることがあります。記載が長くなるような場合には、注を付与して本文を簡潔にしたり、記載内容を箇条書きにしたり、適宜工夫をし、読みやすくなるようにします。
- 各データの項目の意義を理解し、適宜、書き分けることが必要です。

(3)表記に対する配慮
- 図書館の専門用語、慣用表現、省略形を安易に用いないようにします。仮に用いる必要がある場合にも、前後の文脈から、定義や概念が類推できるように、簡略な説明を加えて記載します。
- 読みが難しい人名や地名、その他の固有名には、読み(かな)を補記します。特定することが難しい人名や地名には、生没年や職業、都道府県名等を補記します。
- 外国語を訳出して記載する場合は、原綴を付記します。また、外来語として定着していないカナ表記にも、原綴を補記するとよいでしょう。さらに、一般に使用されない頭字語や省略語には、原綴の完全形(フル表記)を添えます。
- 外国人名をカナ表記する場合には、原綴を付記します。

(4)質の保持への努力
- 参加館において質が高いと考えるデータや、公開することによってレファレンスサービスを強くアピールすると判断したデータは、定期的に点検し、必要に応じて改善します。
- 調べ方マニュアルデータは、作成後、一定の時間が経過した場合、情報源の再確認が必要です。データを見直し、冊子体の情報源の改訂、ウェブ情報源の URL の変更等を点検し、必要に応じて、データを改善します。

5.2 コラボレーション(相互支援)機能を活用する

5.2.1 コメント機能は、どのように用いるものか

レファレンスサービスにおける参加館のコラボレーション(相互支援)を促進することは、事業の目的の 1 つとなっています。レファレンス事例データにおいては、協同を支援する機能として、コメント機能を設けています。この機能は、参加館公開又は一般公開されたレファレンス事例データに対し

て、他の参加館がコメントを寄せ、相互に協力しながらレファレンス事例データの質を高められるようにしたものです。それゆえ、この機能を活用できることは、事業に参加する大きなメリットになります。

== ［詳細解説］ ==
　コメントとは、登録されているレファレンス事例データに対して、他の参加館が気付いたことや意見を記入したものを指します。例えば、次のような場合に、コメントを記入し、レファレンス事例データを登録した参加館に伝達します。
- ➢ 異なる調査のプロセスや情報源が考えられる場合
- ➢ 回答を導き出す新たな情報源が作成され、利用できる場合
- ➢ 情報源となるウェブページの URL が変更されてしまっている場合
- ➢ 未解決のレファレンス事例データに対して、解決方法を提案できる場合

　コメントを記入しても、それが自動的に参加館に公開されるわけではありません。コメントを公開するかどうかは、データを登録した参加館の判断によります。それゆえ、レファレンス事例データの質を高めることができる内容であれば、たとえ軽微なことやわずかなヒントに過ぎないことであっても、コメントに記入し、データを登録した参加館に伝達し、参加館の判断を促すことが望まれます。
==

　　　◆　機能解説
　　　　レファレンス事例データは、コメントを記入することができます。詳細表示画面のデータの下方に、「コメントの参照と記入」というリンクが張られています。この「コメントの参照と記入」をクリックすると、コメントを付与することができます。

5.2.2　コメントに対しては、どのような対応をすればよいか

　自館で登録したレファレンス事例データに対して、コメントが付けられたということは、レファレンス事例データの質を改善するための貴重な材料が得られたことを意味します。コメントを参考にして、必要に応じて、データの見直しをはかってください。

== ［詳細解説］ ==
　到着したコメントに基づいて、レファレンス事例データを改善するには、次のような対応の仕方が考えられます。
- ➢ 登録されていたデータの一部を削除し、新たなデータを記入する。
- ➢ 登録されていたデータの一部がすでに有効でないことを示す説明を追加し、さらに、新たなデータを記入する。

　こうした対応をした場合には、「寄与者」の項目に、コメントを付けた参加館名を記入してください。
　このように、他の参加館からのコメントが得られることは、自館のレファレンスサービスを点検する機会となります。また、未解決のレファレンス事例を解決するためのヒントを得ることもできます。さらに、コメントを付けたり付けてもらったりすることにより、参加館間での協力体制が強化され、さらには

担当する参加館職員相互の連携に結びつくことにもなります。
==

> ◇ **機能解説**
> コメントを確認するには、「検索画面」の左上にある「参加館支援機能」というメニューをクリックします。さらに、「コメント管理」をクリックすると、コメント管理機能の画面が表示されます。この画面において、到着したコメントや発信したコメントを確認することができます。各参加館は、この画面を定期的に表示し、到着したコメントを確認してください。到着したコメントに対しては、回答をすることができますので、有効に活用して参加館相互の情報交換を進めてください。また、寄せられたコメントを公開するかどうかを決定してください。

5.3 検索機能を活用する

5.3.1 検索機能を理解し、データの検索性を高める

作成したデータの質を高めるためには、記入されている内容を、検索の観点から見直すことも必要です。そのためには、どのような検索ができるのか、検索のしくみを理解することが求められます。また、どのような項目から検索できるのか、検索できると便利な項目はどれか確認してください。その上で、自館で作成したデータが、どのような状況になっているか点検し、改善をはかるとよいでしょう。

== ［詳細解説］==
レファレンス協同データベース・システムでは、4つのデータベースを一括して検索する簡易検索と、各データベースを検索する詳細検索の2つの検索が可能です。また、これらとは別に、ブラウジング機能も付されています。

(1)簡易検索（4つのデータベースの一括検索）
　簡易検索は、次の手順で検索します。
　①データベースの選択（チェックボックスの選択）
　②公開レベルの選択
　③検索語の入力
　④表示件数の選択
　このうち最も重要なのは、③の検索語の入力です。これは、データ中の文字列（テキスト）を検索するものです。多くの場合、検索は、主題、人名、地名から行うものと予想されます。それゆえ、データ中に、主題を表すことば、人名又は地名が含まれていないと的確な検索をすることができません。データの作成にあたっては、適切なことばが使用されているかどうか確認することが重要となります。

(2)詳細検索（データベースごとの検索）
　詳細検索は、次の手順で検索します。
　①データベースの指定

②検索項目の選択
③検索語の入力
④項目間の論理演算の選択
⑤その他の絞り込みデータの選択

　簡易検索と同様に、③検索語の入力が、ここでも重要となります。また、詳細検索では、検索項目を選択して検索しますから、データの作成においては、情報が適切な項目に記入されていることが前提となります。例えば、レファレンス事例データの検索にあたって、「回答プロセス」の項目で検索しても、調査のプロセスが「回答」に記入されている場合には、検索することができません。

==

5.3.2　他のデータを参照し，質の高いデータに学ぶ

　作成したデータの質を高めるためには、他の参加館が作成したデータを参照することが有効です。ブラウジング機能を活用して他の参加館が作成したデータを参照し、改善をはかるとよいでしょう。

== ［詳細解説］ ===
　レファレンス事例データは、閲覧するだけでも、自己研修として役立ちます。そうした使い方を支援するために、簡易検索及び詳細検索とは別に、検索画面においては、ブラウジング機能が用意されています。このブラウジング機能では、NDC、人名、地名の 3 つの切り口により、レファレンス事例データを、順次閲覧することができます。
　また、優れたレファレンス事例データを閲覧できるように、検索画面右側に、「おすすめ事例」を掲載するコーナーがあります。「おすすめ事例」には、記入例の参考になるもの、データベースを活用しているものを、掲載しています。

==

付録資料1　レファレンス協同データベース標準フォーマット

（データ作成者のための簡易マニュアル）

(1) レファレンス事例データ・フォーマット（一覧表）

(2) 調べ方マニュアルデータ・フォーマット（一覧表）

(3) 特別コレクションデータ・フォーマット（一覧表）

(4) 参加館プロファイルデータ・フォーマット（一覧表）

データ作成・公開に関するガイドライン

(1) レファレンス事例データ・フォーマット（一覧表）

■検索項目について
○：単独検索項目　△：絞込検索項目　×：対象外
※前方一致検索の場合には（前方）、完全一致検索の場合には（完全）と注記しています。

No	項目名	標準フォーマット (Ver1.0)			現行システム (Ver1.3) での活用方法			簡易マニュアル	
		項目内容	区分	項目の説明	簡易検索項目	詳細検索項目	その他の利用方法	記入理由（データベースの品質向上の観点から）	記入方法に関する参照情報
1	質問	レファレンス質問の内容	必須		○	○			『データ作成公開に関するガイドライン(3.1.3)』
2	公開レベル	データの公開レベル	必須	"自館のみ参照"、"一般公開"から選択	△	△	公開範囲の決定 一覧表示画面におけるデータの並び替え機能		『データ作成公開に関するガイドライン(4)』
3	管理番号	各参加館が独自に設定した事例管理番号	必須	最大で全角15文字(30バイト)以内	×	○ (前方)	一覧表示画面におけるデータの並び替え機能		『レファレンス協同データベース項目別記入方法解説』(付録資料2)
4	回答	質問者に対して回答した内容	必須	公開レベルが"自館のみ参照"の場合は任意扱い	○	○			『データ作成公開に関するガイドライン(3.1.3)』
5	事例作成日	レファレンス事例データを作成した日付	任意	年は西暦、和暦とも可/月/日が登録されていないもの、表記が正しくないものは不可	×	○	一覧表示画面におけるデータの並び替え機能	データ記載内容が、どの時点における事実であるかを明確にするため *データの記載内容が変更された場合には、更新情報を適切な項目(「備考」等)に明記すること。	『レファレンス協同データベース項目別記入方法解説』(付録資料2)
6	解決／未解決	レファレンス質問が解決したのか、未解決なのか	任意	"解決"、"未解決"から選択した時点では未解決であっても、事後の調査により解決した場合は"解決"とする	×	△		解決か未解決かによりデータを絞り込むため *未解決の場合には、プロセスを詳しく記載する 未解決にすると、他の参加館からの協力を促すことができるため	『レファレンス協同データベース項目別記入方法解説』(付録資料2)
7	キーワード	レファレンス事例の中心的な内容や主要な概念を表現している語	任意	フリーキーワード(件名標目等の統制語を使用してもよい)/複数登録可	○	○	類義語検索機能 ブラウジング機能(人名、地名)	主題により検索できるようにするため	『レファレンス協同データベース項目別記入方法解説』(付録資料2)

付1-1

データ作成・公開に関するガイドライン

	標準フォーマット (Ver1.0)			現行システム (Ver1.3) での活用方法			簡易マニュアル	
No	項目名	項目内容	区分	項目の説明	簡易検索項目	詳細検索項目	その他の利用方法	記入理由（データベースの品質向上の観点から）| 記入方法に関する参照情報
8	NDCの版	NDCJを付与する際使用した『日本十進分類法』の版	任意					NDCJによる主題検索を補完するため	
9	NDC	レファレンス事例の主題分類を示す日本十進分類法の分類番号	任意	3桁（要目表）を基本とするが、1桁、2桁での入力も可	×	○（前方）	ブラウジング機能	主題により検索できるようにするため	『レファレンス協同データベース項目別記入方法解説』(付録資料2)
10	調査種別	調査の種類	任意	"文献紹介"、"事実調査"、"書誌的事項調査"、"所蔵調査"、"所蔵機関調査"、"利用案内"、"その他" から選択	×	△		調査種別によりデータを絞り込むため *データの作成にあたっては調査種別に合った記述をする	『データ作成・公開に関するガイドライン』(3.1.4(3)) 『レファレンス協同データベース項目別記入方法解説』(付録資料2)
11	内容種別	レファレンス事例のジャンル	任意	"郷土"、"人物"、"言葉"、"地名" から選択、もしくは各参加館独自の内容種別にての記述も可	×	△		主題により検索できるようにするため	『レファレンス協同データベース項目別記入方法解説』(付録資料2)
12	参考資料	回答を作成するにあたって、参考にした資料	任意	参考にしたレファレンス情報源、レファレンス資料、レファレンスツールなど/複数登録可	○	○		回答の記載内容を明確にするため	『レファレンス協同データベース項目別記入方法解説』(付録資料2)
13	回答プロセス	回答のために経た調査プロセス	任意	「回答」の記述内容や調査種別等に応じて、可能な範囲で記述	○	○		回答の記載内容を明確にするため	『データ作成公開に関するガイドライン』(3.1.3) 『レファレンス協同データベース項目別記入方法解説』(付録資料2)
14	照会先	回答の情報源として、回答者が示した図書館外部の人・機関	任意	複数登録可	○	○		回答の記載内容を明確にするため	『レファレンス協同データベース項目別記入方法解説』(付録資料2)
15	事前調査事項	質問者が、事前に調べていた事項に関する情報	任意	資料の書誌事項や、事前に照会した機関など	○	○		質問の文脈を明らかにし、明確にするため	『データ作成公開に関するガイドライン』(3.1.3) 『レファレンス協同データベース項目別記入方法解説』(付録資料2)
16	備考	自由記入欄（補足事項等）	任意	内容は公開可能なものであること	○	○			『レファレンス協同データベース項目別記入方法解説』(付録資料2)
17	質問者区分	質問者の分類	任意	"未就学児"、"小中学生"、"高校生"、"学生"、"社会人"、"団体"、"図書館"から選択、もしくは各参加館の分類規則に準じて記述	×	△		質問者によりデータを絞り込むため *質問者の情報ニーズやレベルにより、回答は必然的に異なる	『レファレンス協同データベース項目別記入方法解説』(付録資料2)
18	寄与者	データ作成に際し、情報提供等をした図書館外部の人・機関	任意	複数登録可	×	○		回答の記載内容を明確にするため	『レファレンス協同データベース項目別記入方法解説』(付録資料2)

付1-2

データ作成・公開に関するガイドライン

	標準フォーマット (Ver1.0)			現行システム (Ver1.3) での活用方法			簡易マニュアル	
No	項目名	区分	項目の説明	簡易検索表項目	詳細検索項目	その他の利用方法	記入理由（データベースの品質向上の観点から）	記入方法に関する参照情報
19	関連画像	任意	データに関係する画像 画像形式:「PDF」「PNG」「GIF」「JPEG」「JPG」 画像サイズ:1画像あたり300Kbyteまで 画像数:1データあたり5つまで	×	×			
20	登録番号	自動付与	データの固有ID	×	○（完全）			
21	登録日時	自動付与	データがシステムに登録された日時	×	○			
22	最終更新日時	自動付与	データがシステム上で最後に更新された日時	×	○	一覧表示画面におけるデータの並び替え機能		
23	提供館コード	自動付与	データを提供した参加館のコード番号	×	○（完全）	提供館名での検索も可能（中間一致）参加館プロファイルと関連付けされている		

付1-3

(2) 調べ方マニュアルデータ・フォーマット（一覧表）

■検索項目について
○：単独検索項目　△：絞込検索項目　×：対象外
※前方一致検索の場合には（前方）、完全一致検索の場合には（完全）と注記しています。

No	項目名	標準フォーマット (Ver1.0)			現行システム (Ver1.3) での活用方法			簡易マニュアル		
		項目内容	区分	項目の説明	簡易検索項目	詳細検索項目	その他の利用方法	記入理由（データベースの品質向上の観点から）	記入方法に関する参照情報
1	調査テーマ	調べ方マニュアルのタイトル	必須		○	○			『事例データ作成公開に関するガイドライン(3.2.3)』
2	公開レベル	データの公開レベル	必須	"自館のみ参照"、"参加館公開"、"一般公開"から選択	△	△	公開範囲の決定		『事例データ作成公開に関するガイドライン(4)』
3	管理番号	各参加館が独自に設定した事例管理番号	必須	最大で全角15文字(30バイト)以内	×	○（前方）	一覧表示画面におけるデータの並び替え機能		『レファレンス協同データベース項目別記入方法解説』
4	調べ方	調べ方の内容	必須		○	○			『事例データ作成公開に関するガイドライン(3.2.3)』
5	調べ方作成日	参加館が調べ方マニュアルを作成した日	任意	年は西暦、和暦とも可。登録されていないものや、表記が正しくないものは不可	×	○	一覧表示画面におけるデータの並び替え機能	データ記載内容が、どの時点における事実であるかを明確にするため。*データの記載内容が変更された場合には、更新情報を適切な項目（「備考」等）に明記する。	『レファレンス協同データベース項目別記入方法解説』
6	完成、未完成	調べ方マニュアルが完成したか、未完成で現在作成中か	任意	"完成"、"未完成"から選択	×	△		完成か未完成かによりデータを絞り込むため	『事例データ作成公開に関するガイドライン(3.2.4)』
7	キーワード	調べ方マニュアルの中心的な内容や主要な概念を表現している語	任意	フリーキーワード（件名標目等の統制語を使用してもよい）／複数登録可	○	○		主題により検索できるようにするため	『レファレンス協同データベース項目別記入方法解説』
8	NDCの版	「NDC」を付与する際使用した『日本十進分類法』の版	任意		×	×		NDCによる主題検索を補完するため	
9	NDC	調べ方マニュアルの主題分類を示す日本十進分類法の分類番号	任意	3桁（要目表）を基本とするが、1桁、2桁での入力も可	×	○（前方）		主題により検索できるようにするため	『レファレンス協同データベース項目別記入方法解説』

付1-4

データ作成・公開に関するガイドライン

No	標準フォーマット (Ver1.0)			現行システム (Ver1.3) での活用方法			簡易マニュアル	
	項目名	区分	項目の説明	簡易検索項目	詳細検索項目	その他の利用方法	記入理由（データベースの品質向上の観点から）	記入方法に関する参照情報
10	参考資料	任意	調べ方マニュアルを作成するにあたって、参考とした情報源	○	○		調べ方の記載内容を明確にするため	「レファレンス協同データベース項目別記入方法解説」
11	備考	任意	自由記入欄（補足事項）	○	○			
12	関連画像	任意	データに関する画像 参考にしたレファレンス情報源、レファレンス資料、レファレンスツールなど／複数登録可 内容は公開可能なものであること 画像形式：「PDF」「PNG」「GIF」「JPEG」「JPG」 画像サイズ：1画像あたり300Kbyteまで 画像数：1データあたり5つまで	×	×		調べ方が、すでに刊行物やホームページで公開されている場合、レイアウトなどの工夫が分かるようにPDF形式で掲載することを推奨する	
13	登録番号	自動付与	データの固有ID	×	○(完全)			
14	登録日時	自動付与	データがシステムに登録された日時	×	○			
15	最終更新日時	自動付与	データがシステム上で最後に更新された日時	×	○	一覧表示画面におけるデータの並び替え		
16	提供館コード	自動付与	データを提供した参加館のコード番号	×	○(完全)	提供館名での検索も可能（中間一致）		

付1-5

(3) 特別コレクションデータ・フォーマット（一覧表）

■検索項目について
○：単独検索項目　△：絞込検索項目　×：対象外
※前方一致検索の場合には（前方）、完全一致検索の場合には（完全）と注記しています。

No	項目名	標準フォーマット (Ver1.0)			現行システム (Ver1.3) での活用方法			簡易マニュアル	
		項目内容	区分	項目の説明	簡易検索項目	詳細検索項目	その他の利用方法	記入理由（データベースの品質向上の観点から）	記入方法に関する参照情報
1	コレクション名	特別コレクションの名称	必須		○	○			
2	コレクションヨミ	特別コレクションのヨミ	必須	全角カタカナ	○	○	一覧表示画面におけるデータの並び替え機能		『事例データ作成公開に関するガイドライン (4)』
3	公開レベル	データの公開レベル	必須	"自館のみ参照"、"参加館公開"、"一般公開"から選択	△	△	公開範囲の決定　一覧表示画面におけるデータの並び替え機能		
4	内容	特別コレクションの概要	必須	主題、特徴など	○	○			
5	来歴	特別コレクションの由来	任意	収集などに関する情報	×	×		所蔵機関との関係を明らかにするため	
6	利用条件	利用上の制限の有無	任意	制限がある場合は、その内容を記載する	×	×		コレクションを誰が利用できるのか、明らかにするため	『事例データ作成公開に関するガイドライン (3.3)』
7	目録等	特別コレクションの検索手段となる目録等の情報	任意	冊子体、データベースのタイトルなど	○	×		コレクションをどのように検索するのか、明らかにするため	『事例データ作成公開に関するガイドライン (3.3)』
8	紹介文献	特別コレクションを紹介した文献の情報	任意	雑誌記事、ウェブサイト等	○	○		コレクションについてより詳細な情報を提供するため	『事例データ作成公開に関するガイドライン (3.3)』
9	所蔵点数	特別コレクションの所蔵点数	任意		×	×		コレクションの規模を明らかにするため	
10	継続	収集を継続しているか、いないか	任意	"有"、"無"から選択	×	×		コレクションの規模について、情報を明確にするため	

付 1-6

データ作成・公開に関するガイドライン

	標準フォーマット (Ver1.0)			簡易マニュアル			
				現行システム (Ver1.3) での活用方法			
No	項目名	区分	項目の説明	簡易検索項目	詳細検索項目	その他の利用方法	記入理由（データベースの品質向上の観点から）	記入方法に関する参照情報
11	備考	任意	自由記入欄（補足事項等）	内容は公開可能なものであること	○			
12	関連画像	任意	データに関する画像	画像形式：「PDF」「PNG」「GIF」「JPEG」「JPG」画像サイズ：1画像あたり300Kbyteまで 画像数：1データあたり5つまで	×	×		
13	コレクションID	自動付与	データの固有ID		×	○（完全）		
14	登録日時	自動付与	データがシステムに登録された日時		×	△		
15	最終更新日時	自動付与	データがシステム上で最後に更新された日時		×	△		
16	提供館コード	自動付与	参加館を提供した参加館のコード番号	参加館プロファイルと関連付けされている	×	○（完全）	一覧表示画面におけるデータの並び替え機能（提供館名）提供館名での検索も可能（中間一致）	

付1-7

(4) 参加館プロファイルデータ・フォーマット（一覧表）

■検索項目について
○：単独検索項目　△：絞込検索項目　×：対象外
※前方一致検索の場合には（前方）、完全一致検索の場合には（完全）と注記しています。

No	標準フォーマット (Ver1.0)			現行システム (Ver1.3) での活用方法				簡易マニュアル	
	項目名	項目内容	区分	項目の説明	簡易検索項目	詳細検索項目	その他の利用方法	記入理由（データベースの品質向上の観点から）	記入方法に関する参照情報
1	館種	『レファレンス協同データベース参加館規定』に基づく参加館の区分を示すコード	必須	参加承認時に付与	×	△	一覧表示画面における データの並び替え機能		
2	公開レベル	データの公開レベル	必須	"自館のみ参照可能"、"参加館公開"、"一般公開"から選択	△	△	公開範囲の決定 一覧表示画面におけるデータの並び替え機能		『事例データ作成公開に関するガイドライン(4)』
3	図書館名（正式）	参加館の正式名称	必須		○	○			
4	図書館（略式）	参加館の略称	必須		×	×			
5	図書館コミ	参加館の正式名称のヨミ	必須	全角カタカナ	○	○	一覧表示画面におけるデータの並び替え機能		
6	郵便番号	参加館の所在地の郵便番号	必須		×	×			
7	住所	参加館の所在地	必須		○	○	一覧表示画面におけるデータの並び替え機能		
8	電話番号1	参加館の連絡先となる電話番号	必須	レファレンス協同データベース事業に関する問い合わせ先の電話番号	×	×		事務局からの連絡先又は利用者からのデータに関する問合せ先	『事例データ作成公開に関するガイドライン(3.4)』
9	E-Mail（管理者）	レファレンス協同データベース事業の担当者（部署）のE-Mailアドレス	必須	事業に関するお知らせ等の配信先となる/データベースでは他館からの参照はできない	×	×		参加館の事業担当者が、事務局からの連絡を受けるため	『事例データ作成公開に関するガイドライン(3.4)』
10	電話番号2	参加館の連絡先となる電話番号	任意	代表番号など	×	×			『事例データ作成公開に関するガイドライン(3.4)』

No	標準フォーマット (Ver1.0)			現行システム (Ver1.3) での活用方法		簡易マニュアル		
	項目名	項目内容	区分	項目の説明	簡易検索項目	詳細検索項目	その他の利用方法	記入理由（データベースの品質向上の観点から）	記入方法に関する参照情報
11	電話番号3	参加館の連絡先となる電話番号	任意	レファレンスサービスに関する問い合わせ先の番号など	×	×		*レファレンスサービスを受け付ける場合には「利用条件」に明記	『事例データ作成公開に関するガイドライン(3.4)』
12	FAX番号	参加館の連絡先となるFAX番号	任意		×	×		*レファレンスサービスを受け付ける場合には「利用条件」に明記	
13	E-Mail	参加館の連絡先となるE-Mailアドレス	任意	レファレンスサービスを受け付けるE-Mailアドレス（参加館同士の連絡に利用する場合は、その旨明記する）	×	×		*レファレンスサービスを受け付ける場合には「利用条件」に明記	『事例データ作成公開に関するガイドライン(3.4)』
14	URL	参加館のホームページのURL	任意		×	×			
15	開館情報	参加館の開館情報	任意	休日、開館時間など/参照すべきウェブサイトのURLでも可	×	×			『事例データ作成公開に関するガイドライン(3.4)』
16	利用条件	利用制限に関する情報や、利用にあたっての注意事項	任意	参照すべきウェブサイトのURLでも可	×	×		*レファレンスサービスを受け付ける場合には対象者、利用方法、利用時間など明記	
17	沿革	参加館の沿革	任意	参照すべきウェブサイトのURLでも可	○	○		*市町村合併などによる図書館名の変更の履歴などを明記する	『事例データ作成公開に関するガイドライン(3.4)』
18	特色	所蔵資料、サービス等の特徴	任意	参照すべきウェブサイトのURLでも可	○	○			『事例データ作成公開に関するガイドライン(3.4)』
19	注意事項	データベースに関する注意事項	任意	登録しているデータや、問い合わせの際に注意すべき事項など	×	×			『事例データ作成公開に関するガイドライン(3.4)』
20	交通アクセス	参加館への交通アクセス	任意	参照すべきウェブサイトのURLでも可	×	×			
21	関連画像	データに関する画像	任意	画像形式:「PDF」「PNG」「GIF」「JPEG」「JPG」 画像サイズ:1画像あたり300Kbyteまで 画像数:1データあたり5つまで	×	×			

標準フォーマット (Ver1.0)					簡易マニュアル				
No	項目名	区分	項目内容	項目の説明	現行システム (Ver1.3) での活用方法			記入理由（データベースの品質向上の観点から）	記入方法に関する参照情報
					簡易検索項目	詳細検索項目	その他の利用方法		
22	図書館コード	自動付与	データの固有ID		×	○（完全）			
23	登録日時	自動付与	データがシステムに登録された日時		×	○			
24	最終更新日時	自動付与	データがシステム上で最後に更新された日時		×	○			

付1-10

付録資料2　レファレンス協同データベース項目別記入方法解説

レファレンス事例データ
- 管理番号　　　　　（項目 No.3）
- 事例作成日　　　　（項目 No.5）
- 解決/未解決　　　　（項目 No.6）
- キーワード　　　　（項目 No.7）
- NDC　　　　　　　（項目 No.9）
- 調査種別　　　　　（項目 No.10）
- 内容種別　　　　　（項目 No.11）
- 参考資料　　　　　（項目 No.12）
- 照会先　　　　　　（項目 No.14）
- 質問者区分　　　　（項目 No.17）
- 寄与者　　　　　　（項目 No.18）

調べ方マニュアルデータ
- 管理番号　　　　　（項目 No.3）
- 調べ方作成日　　　（項目 No.5）
- キーワード　　　　（項目 No.7）
- NDC　　　　　　　（項目 No.9）
- 参考資料　　　　　（項目 No.10）

　この付録資料では、レファレンス協同データベース標準フォーマットの項目中、特に解説が必要な項目についてとりあげています。

（レファレンス事例データ）
項目 No.3　管理番号

No	項目名	項目内容	区分	項目の説明	現行システム（Ver1.3）での活用方法			記入理由（データベースの品質向上の観点から）
					簡易検索項目	詳細検索項目	その他の利用方法	
3	管理番号	各参加館が独自に設定した事例管理番号	必須	最大で全角15文字（30バイト）以内	×	○（前方一致）	一覧表示画面におけるデータの並び替え機能	

【詳細解説】
　「管理番号」は、各館で、データの管理をデータ単位で行うための項目です。各参加館内で、自館の事例データを一意に特定できるように番号体系を定めてください。

　⇒ポイント
　　・自館データ内で同一の番号を付与することはできません。他の参加館の定める管理番号と同じになってもシステム上は問題ありません。
　　・使用可能な文字長は、全角15文字(30バイト)以内です。
　　・ひらがな、漢字、全角及び半角の英数字が使用可能です。
　　・検索(詳細検索)においては、前方一致となります。

【記入例】
　A図書館として、Aa中央館、Ab分館、Ac分室がレファレンス事例データの作成を別々に行う場合には、以下のような管理番号を定めることができます。
　　Aa中央館が作成するデータ　→　「Aa-人文社会-20050001」
　　Ab分館が作成するデータ　→　「Ab-自然科学-20050001」
　　Ac分室が作成するデータ　→　「Ac-郷土-20050001」

　　※　分館、資料室あるいはカウンターごとに管理番号を定めたり、「-」（半角のハイフン）などを用いて、識別しやすいよう工夫したりすることが有効です。

(レファレンス事例データ)

項目 No.5 事例作成日

No	項目名	項目内容	区分	項目の説明	現行システム (Ver1.3) での活用方法			記入理由（データベースの品質向上の観点から）
					簡易検索項目	詳細検索項目	その他の利用方法	
5	事例作成日	レファレンス事例データを作成した日付	任意	年は西暦、和暦とも可/「日」が登録されていないものや、表記が正しくないものは不可	×	○	一覧表示画面におけるデータの並び替え機能	データ記載内容が、どの時点における事実であるかを明確にするため *データの記載内容が変更された場合には、更新情報を適切な項目（「備考」等）に明記する。

【詳細解説】

「事例作成日」は、レファレンス事例データを作成した日付であり、記入されている内容が、どの時点における結果であるのかを明示するものです。原則としては、レファレンス質問に対して回答した年月日が「事例作成日」となります。

一度登録したレファレンス事例データについて、その後の調査で判明した内容を追記した場合又は事後調査に基づいて修正した場合には、追記や修正がいつ行われたのかわかるように、「回答」「回答プロセス」「備考」など、適切な項目に記入します。

⇒ポイント
- フォーマットは、西暦（YYYY年MM月DD日形式）で登録することを推奨します。
- 西暦（YYYY年MM月DD日形式）で登録することで、並べ替え機能が使えるようになります。
- 登録アプリケーションで一括登録する場合において、システムに備わっている日付フォーマットの変換機能の対象となるフォーマット（別表参照）であれば、西暦（YYYY年MM月DD日形式）以外であっても自動的に変換され、並べ替え機能が使えます。ただし、表示は元のデータのままとなりますので、西暦（YYYY年MM月DD日形式）で登録することを推奨します。

【補足1】
　「レファレンス事例データを作成した日」については、厳密には、データ作成の業務の流れによっては、データを作成した日がいつであるのかについて、若干解釈が異なる可能性があります。
　例えば、以下のようなケースが考えられます。
　　・質問を受け付けた時点で、データの作成を始める場合
　　・レファレンスサービスの記録票を元に、後日データを作成する場合
　　・文書によるレファレンス質問の受付と回答を元に、後日データを作成する場合
　原則としては、レファレンス質問に対して回答し、サービスが終了した時点の年月日を「事例作成日」としてください。

【補足2】
　過去の記録票をもとにレファレンス事例データを作成する場合には、回答日が不明のこともあります。このような場合には、「事例作成日」は、レファレンス事例データを利用する上で重要な情報になりますので、適宜補って、できる限り記載するようにしてください。

【補足3】
　レファレンス協同データベース・システムでは、レファレンス事例データの登録及び更新を、自動的に管理しています。これらの情報は、「登録日時」、「最終更新日時」として確認することができます。

別表

No.	日付データの例	入力の可否	備考
1	2002/12/31	可	
2	2003.3.13	可	
3	1999年12月30日	可	
4	2001年3月3日	可	
5	S62.10.1	可	
6	平成13年11月11日	可	
7	H15年5月05日	可	
8	2001．11．2	可	
9	H14-01-3	可	
10	19990802	可	
11	2002/11	不可	⇒「日」が無い
12	平成15年5月	不可	⇒「日」が無い
13	1999092	不可	⇒「日」は2桁必要
14	2005331	不可	⇒「月」は2桁必要
15	西暦2000年5月15日	不可	⇒「西暦」が変換対象外
16	昭和60年10/15	不可	⇒区切り文字が統一されていない
17	2000.2.30	不可	⇒2月は30日が無い
18	S65.12.20	不可	⇒昭和に65年は無い
19	03/12/20	不可	⇒西暦の場合は4桁の「年」、和暦であれば年号が必要
20	2002.12/20	不可	⇒区切り文字が統一されていない

(レファレンス事例データ)

項目 No.6 解決/未解決

No	項目名	項目内容	区分	項目の説明	現行システム（Ver1.3）での活用方法			記入理由（データベースの品質向上の観点から）
					簡易検索項目	詳細検索項目	その他の利用方法	
6	解決/未解決	レファレンス質問が解決したのか、未解決なのか	任意	"解決"、"未解決"から選択/質問者に対し回答した時点で未解決であっても、事後の調査により解決した場合は"解決"となる	×	△(絞込)		解決か未解決かによりデータを絞り込むため ＊未解決の場合には、プロセスを詳しく記載する 未解決にすると、他の参加館からの協力を促すことができるため

【詳細解説】

「解決/未解決」は、質問者から寄せられたレファレンス質問が解決したのか、未解決なのかを明らかにするための項目です。「未解決」にすると、他の参加館からの協力を促すことができます。

「未解決」となるレファレンス事例データは、下記のいずれかに該当する場合です。

　①文献紹介において、利用者の要望に応える資料が紹介できなかった場合
　②事実調査において、事実が確認できなかった場合
　③書誌的事項調査において、資料の存在が確認できなかった場合
　④所蔵機関調査において、所蔵機関が判明しなかった場合

レファレンス事例データを「未解決」として一般公開する場合には、調査のプロセスを記入しなければなりません。また、参加館公開する場合にも、できる限り調査済みの内容を記述し、他の参加館が、協力しやすいようにすることが望まれます。

　※所蔵調査は、所蔵しているか、所蔵していないかの二者択一の回答となりますので、いずれの回答でも「解決」になります。

【記入例】

- （具体例：事実調査）著者の生没年が知りたいという質問について、根拠（典拠）となる文献や情報源が見当たらなかった場合　→「未解決」
- （具体例：所蔵調査）ある資料が自館の蔵書の中にあるかという質問に対し、所蔵していないという回答をした場合　→「解決」

(レファレンス事例データ)

項目 No.7 キーワード

No	項目名	項目内容	区分	項目の説明	現行システム(Ver1.3)での活用方法			記入理由(データベースの品質向上の観点から)
					簡易検索項目	詳細検索項目	その他の利用方法	
7	キーワード	レファレンス事例の中心的な内容や主要な概念を表現している語	任意	フリーキーワード(件名標目等の統制語を使用してもよい)/複数登録可	○	○	類義語検索機能 ブラウジング機能(人名、地名)	主題により検索できるようにするため

【詳細解説】

「キーワード」は、レファレンス事例データの取り扱っている中心的な内容や主要な概念を表現している語を記入する項目です。そのレファレンス事例データがどのようなことを調べている人に役立つのかを考え、取り扱っている中心的なトピックやテーマを表す語を、「キーワード」として付与してください。件名標目等の統制語を使用しても良いですが、フリーキーワードでも構いません。

【記入例】

「キーワード」に登録される主な語は、下記に該当するようなものがあります。

- レファレンス質問が取り扱っている重要な人名、地名、団体名、作品名などの固有表現。
    (具体例)徳川家康、アメリカ合衆国、山城町(京都府)、国立国会図書館、源氏物語など
- レファレンス質問が取り扱っている重要な専門用語。
    (具体例)ヒートアイランド、レイノルズ数、サブリミナル効果、など
- レファレンス質問が取り扱っている重要な語の上位語(広義)、下位語(狭義)などで、検索に利用されそうな言葉。特に、レファレンス事例データ中に記載されていないもの。

(レファレンス事例データ)

項目 No.9 NDC

No	項目名	項目内容	区分	項目の説明	現行システム（Ver1.3）での活用方法			記入理由（データベースの品質向上の観点から）
					簡易検索項目	詳細検索項目	その他の利用方法	
9	NDC	レファレンス事例の主題分類を示す日本十進分類法の分類番号	任意	3桁（要目表）を基本とするが、1桁、2桁での入力も可	×	○（前方一致）	ブラウジング機能	主題により検索できるようにするため

【詳細解説】

「NDC」には、レファレンス事例データの主題分類を示す、日本十進分類法の分類番号を付与します。そのレファレンス事例データがどのようなことを調べている人に役立つのかを考え、取り扱っている中心的な主題分類を「NDC」で付与してください。

⇒ ポイント
- 現行システム（Ver1.3）のブラウジング機能では、第1次区分（類）、第2次区分（綱）までを表示しています。
- 現行システム（Ver1.3）で登録できる「NDC」は1つです。
- 現行システム（Ver1.3）で登録できるのは、3桁までです。
- 検索（詳細検索）においては、前方一致となります。

【補足】

現行システム（Ver1.3）では、「NDC」を複数登録すること、また4桁以上登録することができません。複数登録する又は4桁以上登録することが、必要な場合は、「備考」に「NDC副出：○○○」、「NDC：○○○．△△△」等と記入してください。

(レファレンス事例データ)
項目 No.10 調査種別

No	項目名	項目内容	区分	項目の説明	現行システム (Ver1.3) での活用方法			記入理由（データベースの品質向上の観点から）
					簡易検索項目	詳細検索項目	その他の利用方法	
10	調査種別	調査の種類	任意	"文献紹介"、"事実調査"、"書誌的事項調査"、"所蔵調査"、"所蔵機関調査"、"利用案内"、"その他"から選択	×	△（絞込）		調査種別によりデータを絞り込むため *データの作成にあたっては調査種別に合った記述をする

【詳細解説】
　「調査種別」は、レファレンスサービスを、調査の種類の観点から分類するものです。レファレンスサービスの統計管理等のために参加館で採用されている「調査種別」の分類が、多様であることを踏まえ、各館の分類で登録しても構わないとしています。しかし、可能な限り規定の選択値から選択することを推奨します。

「調査種別」の選択値には、以下のものがあります。
① 文献紹介
　　ある主題についての文献や情報源の紹介。
　　　※かなり包括的な文献リストを作成した場合にも、「文献紹介」とする。
② 事実調査
　　ある事実についての調査。
　　　※事実についての調査であれば、基本的なレファレンスブックを利用して回答した場合も、それ以外の文献を利用して回答した場合も、「事実調査」とする。
③ 書誌的事項調査
　　ある文献や情報源についてのタイトル・編著者名・掲載書(誌、紙)名、発行所、刊行年等の調査。
　　　※書誌的事項調査から、所蔵調査、所蔵機関調査、事実調査などに発展した場合には、該当する調査種別を選択する。
④ 所蔵調査
　　ある文献や情報源について、自館で所蔵しているかどうかの調査

⑤ 所蔵機関調査
　　ある文献や情報源について、自館以外の機関で所蔵しているかどうかの調査
　　　※全文閲覧・ダウンロード可能なインターネット上の情報源を紹介した場合も、「所蔵機関調査」とする。
⑥ 利用案内
　　文献や情報の検索方法や利用方法の案内、自館の閲覧・複写・貸出の案内、機器の操作方法の案内等
⑦ その他
　　類縁機関の紹介など

(レファレンス事例データ)

項目 No.11 内容種別

No	項目名	項目内容	区分	項目の説明	現行システム (Ver1.3) での活用方法			記入理由（データベースの品質向上の観点から）
					簡易検索項目	詳細検索項目	その他の利用方法	
11	内容種別	レファレンス事例のジャンル	任意	"郷土"、"人物"、"言葉"、"地名"から選択、もしくは各参加館独自の内容種別に応じての記述も可	×	△（絞込）		主題により検索できるようにするため

【詳細解説】

「内容種別」は、レファレンス事例データを、内容の観点から分類するものです。現行システム(Ver1.3)では、記入を支援するため、公共図書館で一般的に用いられている、"郷土"、"人物"、"言葉"、"地名"から選択できるようになっています。

各館において、「NDC」以外でレファレンスサービスの内容を分類している場合は、その種別を記入してください。

【記入例】
- 公共図書館の場合
  (具体例)郷土、人物、言葉、地名
  ※これらの項目は、現行システム(Ver1.3)の選択値になっています。
- 大学図書館の場合
  学問分野や大学の学部・学科の名称で分類する。
  (具体例1:総合大学)文学、社会、経済、工学、など
  (具体例2:音楽系大学)声楽、器楽、作曲指揮、音楽教育、など
- 専門図書館の場合
  各専門分野独自の分類に従って分類する。
  (具体例:医学図書館)内科、呼吸器科、消化器科、循環器科、胃腸科、など

(レファレンス事例データ)
項目 No12 参考資料

No	項目名	項目内容	区分	項目の説明	現行システム（Ver1.3）での活用方法			記入理由（データベースの品質向上の観点から）
					簡易検索項目	詳細検索項目	その他の利用方法	
12	参考資料	回答を作成するにあたって、参考にした資料	任意	参考にしたレファレンス情報源、レファレンス資料、レファレンスツールなど/複数登録可	○	○		回答の記載内容を明確にするため

【詳細解説】
　「参考資料」は「回答」に記載された情報の根拠を明らかにするための項目です。この項目に記載される情報には下記のものがあります。

① 事実調査において回答の典拠とした情報源
② 書誌的事項調査、所蔵調査、所蔵機関調査において調査に利用した情報源（冊子目録、OPAC、総合目録など）
③ 文献紹介において、紹介の根拠とした情報源
④ 文献紹介において、紹介した文献や情報源

　なお、情報源が人又は機関であった場合には、「照会先」に記入します。

⇒ ポイント
- 文献や情報源を特定するのに、必要十分な書誌的事項が記載されていること。
    ※ 書誌的事項の記述方法については、ISBNやJP番号などの識別子を明記するか、一般に認められている方法であることが望まれます。（参考文献:『科学技術情報流通技術基準』の「SIST02 参照文献の書き方」および「SIST02suppl. 参照文献の書き方（補遺）電子参照文献の書き方」）
    ※ 必要であれば自館の請求記号を記載しても構いません。
- 文献や情報源の特徴や使い方など、必要があれば補足すること。
    ※「回答」にも、回答の根拠として使用した文献や情報源などの情報が記載されます。「回答」には、タイトル等を簡略に記述し、「参考資料」に詳細な書誌事項を記載することを推奨

します。特に、資料の使い方や内容について補足する必要があれば、積極的に「参考資料」の備考欄に記述してください。
- 一般に流通していない文献または情報源を記入する場合には、どのようにすれば利用できるか明記すること。
- インターネット上の情報源を記入する場合には、URL、最後にアクセスした年月日を明記すること。
    - ※ インターネット上の情報源は、紙媒体で刊行されている情報源に比べ、典拠コントロールがされていない、消失しやすいなどの特徴があります。このため、責任表示を明記したり、アーカイブされている情報があれば、その情報を案内したりするなどの工夫が必要です。
    - ※ 現行システム(Ver1.3)のデータベース表示画面においては、URL にリンクは張られません。

【記入例】
- 和図書の場合
    (具体例)レファレンスサービスの発達　サミュエル・ローススティーン著　長沢雅雄監訳　常盤繁〔ほか〕共訳　日本図書館協会　1979.6　256p　＜当館請求記号　UL731-18＞
- 洋図書の場合
    (具体例)　The Thibaults　/ Roger Martin du Gard ; translated by Stuart Gilbert. New York : Viking Press , 1946　869p　＜当館請求記号　843.91-M384tEg＞
- 雑誌記事の場合
    (具体例)　研究文献レビュー　レファレンスサービスの新しい潮流　/　小田　光宏　カレントアウェアネス. (283) [2005.3.20]
- インターネット上の情報源の記載方法
    (具体例1)国立国会図書館総合目録ネットワーク　/　国立国会図書館　/
    http://crd.ndl.go.jp/jp/library/index.html [last access 2005/10/31]
    (具体例2)図書館調査ガイド　大阪の商工名鑑・商工会議所名簿　/　レファレンス協同データベース　/　調べ方マニュアル（登録番号：2000000204）　/　最終更新日時：2005/07/04
    http://crd.ndl.go.jp/GENERAL/servlet/detail.manual?id=2000000204　[last access 2005/12/15]
- 書誌以外の情報を補足する場合
    (具体例)NDL-OPAC（日本占領関係資料）　/　国立国会図書館内でのみ検索可能。
    ※館内でのみ利用可能なデータベースを参照して回答した場合の「参考資料」の記入例。

(レファレンス事例データ)
項目 No.14 照会先

No	項目名	項目内容	区分	項目の説明	現行システム（Ver1.3）での活用方法			記入理由（データベースの品質向上の観点から）
					簡易検索項目	詳細検索項目	その他の利用方法	
14	照会先	回答の情報源として、質問者に示した図書館外部の人・機関	任意	複数登録可	○	○		回答の記載内容を明確にするため

【詳細解説】

「照会先」は、回答の情報源として、質問者に示した図書館外部の人又は機関を記載します。この項目は、「参考資料」と同様に、「回答」に記載された情報の根拠を明らかにするために記入します。

⇒ ポイント
・回答となる情報を提供した外部の人又は機関に、事実内容を再確認するのに必要十分な組織名、連絡先等を記載します。
・情報提供者が個人である場合には、その個人のプライバシーを侵害しないよう、注意することが必要です。

【記入例】

・機関に問い合わせて回答を得た場合
(具体例1)国立国会図書館関西館資料部アジア情報課 /
URL:http://www.ndl.go.jp/jp/service/kansai/asia/index.html [last access 2005/10/31]
(具体例2)○○製薬(株式会社)資料室 / 電話：AAA-BBB-CCCC

・個人に問い合わせて回答を得た場合
(具体例1)大学教授
(具体例2)○○大学法学部教授　△△△△氏　E-Mail:aaa@bbb.ac.jp(この件に関する問い合わせ:可)
　※記載内容についてはプライバシーに配慮して、判断する。本人の了解が得られている場合は、個人名・連絡先を記載しても良い。個人名・連絡先を記載できない場合でも、個人に問い合わせて回答を得た旨を必ず記載する。

(レファレンス事例データ)
項目 No.17 質問者区分

No	項目名	項目内容	区分	項目の説明	現行システム(Ver1.3)での活用方法			記入理由(データベースの品質向上の観点から)
					簡易検索項目	詳細検索項目	その他の利用方法	
17	質問者区分	質問者の分類	任意	"未就学児"、"小中学生"、"高校生"、"学生"、"社会人"、"団体"、"図書館"から選択、もしくは各参加館の分類規則に準じて記述	×	△(絞込)		質問者によりデータを絞り込むため *質問者の情報ニーズやレベルにより、回答は必然的に異なる

【詳細解説】

「質問者区分」は、レファレンス事例データを、質問者の観点から分類するものです。レファレンスサービスにおいて、回答内容は、質問者の年齢等により大きく変わるものですので、その回答内容の妥当性を裏付けるため、記載することが必要です。

現行システム(Ver1.3)では、記入を支援するため、公共図書館で一般的に用いられている、"未就学児"、"小中学生"、"高校生"、"学生"、"社会人"、"団体"、"図書館"から選択できるようになっています。各参加館において、選択値以外に質問者を区分している場合はその区分を記入してください。

【記入例】
- 公共図書館の場合
  (具体例)未就学児、小中学生、高校生、学生、社会人、団体、図書館
    ※これらは、現行システム(Ver1.3)の選択値になっています。
- 大学図書館の場合
  (具体例)学生、院生、教員、大学職員、他大学、一般人、図書館、など
- 専門図書館の場合
  (具体例)研究者、職員、一般人、図書館、など

(レファレンス事例データ)

項目 No.18 寄与者

No	項目名	項目内容	区分	項目の説明	現行システム（Ver1.3）での活用方法			記入理由（データベースの品質向上の観点から）
					簡易検索項目	詳細検索項目	その他の利用方法	
18	寄与者	データ作成に際し、情報提供等をした図書館外部の人・機関	任意	複数登録可	×	○		回答の記載内容を明確にするため

【詳細解説】

「寄与者」は、データ作成に際し、情報提供等をした図書館外部の人又は機関を記載する項目です。データの公開後に、情報提供等を受けた場合にも、この項目に記載します。

⇒ ポイント
・ 情報提供者が個人である場合には、その個人のプライバシーを侵害しないよう、注意することが必要です。

【記入例】

・機関から情報提供を得た場合
（具体例）大阪府立中之島図書館　大阪資料・古典籍室 ／ 住所：〒530-0005 大阪市北区中之島1-2-10／ 電話：06-6203-0473（直通）
　※このケースは、大阪府立中之島図書館から、郷土資料に関する情報提供を得た場合の記入例

・個人から情報提供を得た場合
（具体例）○○大学法学部教授　△△△△氏　E-Mail:aaa@bbb.ac.jp（この件に関する問い合わせ：可）
　※記載内容についてはプライバシーに配慮して、判断する。本人の了解が得られている場合は、個人名・連絡先を記載しても良い。個人名・連絡先を記載できない場合でも、個人から情報提供を得た旨を必ず記載する。

(調べ方マニュアルデータ)

項目 No.3 管理番号

No	項目名	項目内容	区分	項目の説明	現行システム (Ver1.3) での活用方法			記入理由（データベースの品質向上の観点から）
					簡易検索項目	詳細検索項目	その他の利用方法	
3	管理番号	各参加館が独自に設定した事例管理番号	必須	最大で全角15文字(30バイト)以内	×	○(前方一致)	一覧表示画面におけるデータの並び替え機能	

【詳細解説】

「管理番号」は、各館で、データの管理をデータ単位で行うための項目です。各参加館内で、自館の事例データを一意に特定できるように番号体系を定めてください。

⇒ポイント
- 自館データ内で同一の番号を付与することはできません。ただし、他の参加館の定める管理番号と同じになってもシステム上は問題ありません。
- 使用可能な文字長は、全角15文字(30バイト)以内です。
- 検索(詳細検索)においては、前方一致となります。

【記入例】

A図書館として、Aa中央館、Ab分館、Ac分室が調べ方マニュアルデータの作成を別々に行う場合には、以下のような管理番号を定めることができます。

Aa中央館が作成するデータ → 「Aa-人文社会-20050001」
Ab分館が作成するデータ → 「Ab-自然科学-20050001」
Ac分室が作成するデータ → 「Ac-郷土-20050001」

※ 分館、資料室あるいはカウンターごとに管理番号を定めたり、「-」(半角のハイフン)などを用いて、識別しやすいよう工夫したりすることが有効です。

(調べ方マニュアルデータ)

項目 No.5　調べ方作成日

No	項目名	項目内容	区分	項目の説明	現行システム (Ver1.3) での活用方法			記入理由（データベースの品質向上の観点から）
					簡易検索項目	詳細検索項目	その他の利用方法	
5	調べ方作成日	参加館が調べ方マニュアルを作成した日	任意	年は西暦、和暦とも可/「日」が登録されていないものや、表記が正しくないものは不可	×	○	一覧表示画面におけるデータの並び替え機能	データ記載内容が、どの時点における事実であるかを明確にするため *データの記載内容が変更された場合には、更新情報を適切な項目（「備考」等）に明記する。

【詳細解説】

　「調べ方作成日」は、調べ方マニュアルデータが最初に作成された年月日であり、記入されている内容が、どの時点における結果であるのかを明示するものです。「調べ方作成日」は、データの活用や維持管理を考える上で、重要な項目です。

　一度登録した調べ方マニュアルデータについて、その後の調査で判明した内容を追記した場合又は事後調査に基づいて修正した場合には、追記や修正がいつ行われたのかわかるように、「調べ方」「備考」など、適切な項目に記入します。

　⇒ポイント
- フォーマットは、西暦（YYYY年MM月DD日形式）で登録することを推奨します。
- 西暦（YYYY年MM月DD日形式）で登録することで、並べ替え機能が使えるようになります。
- 登録アプリケーションで一括登録する場合において、システムに備わっている日付フォーマットの変換機能の対象となるフォーマット（別表参照）であれば、西暦（YYYY年MM月DD日形式）以外であっても自動的に変換され、並べ替え機能が使えます。ただし、表示は元のデータのままとなりますので、西暦（YYYY年MM月DD日形式）で登録することを推奨します。

【補足】

レファレンス協同データベース・システムでは、調べ方マニュアルデータの登録及び更新を、自動的に管理しています。これらの情報は、「登録日時」、「最終更新日時」として確認することができます。

別表

No.	日付データの例	入力の可否	備考
1	2002/12/31	可	
2	2003.3.13	可	
3	1999年12月30日	可	
4	2001年3月3日	可	
5	S62.10.1	可	
6	平成13年11月11日	可	
7	H15年5月05日	可	
8	2001.11.2	可	
9	H14-01-3	可	
10	19990802	可	
11	2002/11	不可	⇒「日」が無い
12	平成15年5月	不可	⇒「日」が無い
13	1999092	不可	⇒「日」は2桁必要
14	2005331	不可	⇒「月」は2桁必要
15	西暦2000年5月15日	不可	⇒「西暦」が変換対象外
16	昭和60年10/15	不可	⇒区切り文字が統一されていない
17	2000.2.30	不可	⇒2月は30日が無い
18	S65.12.20	不可	⇒昭和に65年は無い
19	03/12/20	不可	⇒西暦の場合は4桁の「年」、和暦であれば年号が必要
20	2002.12/20	不可	⇒区切り文字が統一されていない

(調べ方マニュアルデータ)

項目 No.7 キーワード

No	項目名	項目内容	区分	項目の説明	現行システム（Ver1.3）での活用方法			記入理由（データベースの品質向上の観点から）
					簡易検索項目	詳細検索項目	その他の利用方法	
7	キーワード	調べ方マニュアルの中心的な内容や主要な概念を表現している語	任意	フリーキーワード（件名標目等の統制語を使用してもよい）/複数登録可	○	○		主題により検索できるようにするため

【詳細解説】

「キーワード」は、調べ方マニュアルデータの取り扱っている中心的な内容や主要な概念を表現している語を記入する項目です。その調べ方マニュアルデータがどのようなことを調べている人に役立つのかを考え、取り扱っている中心的なトピックやテーマを表す語を、「キーワード」として付与してください。件名標目等の統制語を使用しても良いですが、フリーキーワードでも構いません。

【記入例】

「キーワード」に登録される主な語は、下記に該当するようなものがあります。「調査テーマ」に含まれている語をそのまま使用しても構いません。

- 調べ方マニュアルが取り扱っている重要な人名、地名、団体名、作品名などの固有表現。
    (具体例) 大阪府
    ※ 大阪の統計情報の調べ方についてまとめた調べ方マニュアルデータに対する「キーワード」の1つとして、「大阪府」という地名を掲載している例。
- 調べ方マニュアルデータが取り扱っている重要な専門用語。
    (具体例) 牛海綿状脳症、狂牛病、Mad Cow Disease
    ※ 牛海綿状脳症（BSE）関係の欧文雑誌論文の調べ方についてまとめた調べ方マニュアルデータに対する「キーワード」として、俗称の狂牛病、Mad Cow Disease を補って登録している例。
- 調べ方マニュアルが取り扱っているテーマ、トピックの同義語、上位語（広義）、下位語（狭義）などで、検索に利用されそうな言葉。
    (具体例) 新聞、雑誌
    ※ 逐次刊行物の調べ方についてまとめた調べ方マニュアルデータに対する「キーワード」として、狭義の言葉を補って登録している例。

(調べ方マニュアルデータ)

項目 No.9 NDC

No	項目名	項目内容	区分	項目の説明	現行システム(Ver1.3)での活用方法			記入理由（データベースの品質向上の観点から）
					簡易検索項目	詳細検索項目	その他の利用方法	
9	NDC	調べ方マニュアルの主題分類を示す日本十進分類法の分類番号	任意	3桁(要目表)を基本とするが、1桁、2桁での入力も可	×	○(前方一致)		主題により検索できるようにするため

【詳細解説】

「NDC」には、調べ方マニュアルデータの主題分類を示す、日本十進分類法の分類番号を付与します。その調べ方マニュアルデータがどのようなことを調べている人に役立つのかを考え、取り扱っている中心的な主題分類を「NDC」で付与してください。

⇒ ポイント
- 現行システム(Ver1.3)で登録できる「NDC」は1つです。
- 現行システム(Ver1.3)で登録できるのは、3桁までです。
- 検索(詳細検索)においては、前方一致となります。

【補足】

現行システム(Ver1.3)では、「NDC」を複数登録すること、また4桁以上登録することができません。複数登録する又は4桁以上登録することが、必要な場合は、「備考」に「NDC 副出：○○○」、「NDC：○○○．△△△」等と記入してください。

(調べ方マニュアルデータ)

項目 No.10 参考資料

No	項目名	項目内容	区分	項目の説明	現行システム (Ver1.3) での活用方法			記入理由（データベースの品質向上の観点から）
					簡易検索項目	詳細検索項目	その他の利用方法	
10	参考資料	調べ方マニュアルを作成するにあたって、参考とした情報源	任意	参考にしたレファレンス情報源、レファレンス資料、レファレンスツールなど/複数登録可	○	○		調べ方の記載内容を明確にするため

【詳細解説】

「参考資料」は調べ方マニュアルデータを作成するにあたって参考とした情報源を記載します。

【記入例】

- 作成にあたり、レファレンス協同データベースに登録されている他の調べ方マニュアルを参考にした場合
  歌詞を調べるには / レファレンス協同データベース / 提供館:国立国会図書館 / 登録番号:2000000563 / 最終更新日時:2005/09/01

※ 記入方法については、レファレンス事例データの「参考資料」の記入方法を参照してください。

付録資料3　レファレンス協同データベース・データ公開基準（一覧表）

区分	※登録条件 （ガイドライン 3.1.5）	参加館公開の条件 （ガイドライン 4.3.1）	一般公開の条件 （ガイドライン 4.3.2）
レファレンス事例データ	・個人情報が記載されていないこと ・公序良俗に反していないこと ・著作権法に抵触していないこと	①個人のプライバシーが尊重されていること ②質問者の特定につながる恐れがないこと ③差別表現等の点で問題がないこと	①中核的な情報が記されていること ②記載内容に関する典拠となる情報源（出典、照会先、寄与者等）が適切な記載方法で記入されていること ③「事例作成日」が記入されていること ④歴史上の人物や著名人に関する事例の場合に、公開された確かな情報源に基づいており、かつ、個人情報に対する配慮がなされていること ⑤過去の事例の場合、現在でも内容が適切であると判断できること ⑥未解決事例の場合、調査のプロセスが記入されていること
調べ方マニュアルデータ		①個人のプライバシーが尊重されていること ②差別表現等の点で問題がないこと	①中核的な情報が記されていること ②「調べ方作成日」が記入されていること ③過去の事例の場合、現在でも内容が適切であると判断できること
特別コレクションデータ		①個人のプライバシーが尊重されていること ②差別表現等の点で問題がないこと	中核的な情報が記されていること
参加館プロファイルデータ		①個人のプライバシーが尊重されていること ②差別表現等の点で問題がないこと	自館のレファレンス事例データ、調べ方マニュアルデータ、特別コレクションデータのいずれか1つでも「一般公開」としている場合は、一般公開すること

付録資料4　データの質を高めるための道しるべ

(1) レファレンス事例データ・サンプル

(2) 調べ方マニュアルデータ・サンプル

(3) 特別コレクションデータ・サンプル

(4) 参加館プロファイルデータ・サンプル

　この付録資料は、ガイドラインの内容をより深く理解するためのサンプルデータです。枠内の注釈は、データの質を高めるためのポイントと、参照すべきガイドラインの個所を示しています。
　なお、掲載されているサンプルデータは、データベースに実際に登録されているものを、加工・編集して作成したものです。

データ作成・公開に関するガイドライン

(1) レファレンス事例データ・サンプル

サンプル① 所蔵調査の例(文学分野)

管理番号	TCL01-0070
公開レベル	一般公開

中核的な項目	
質問	トルストイが書いた「小鳥(ことり)」という作品の原書を持っている。これの和訳本はないだろうか。短い話で絵が付いているので子ども向けの作品のようだ。
回答	◎『フィリップぼうず』(レフ・N・トルストイ著/樹下 節訳/理論社/1982/「ソビエト絵本傑作シリーズ」)の中の「ことり」という作品【資料1】 ◎『少年少女世界文学全集 15 絵のない絵本』(学習研究社/1969)の中の「ことり」(宮川やすえ訳)という作品【資料2】 ◎『イワンのばか』(トルストイ作/金子幸彦訳/岩波書店/1955/「岩波少年文庫2040」)の中の「小鳥」という作品【資料3】 以上を提供する。
事前調査事項	『トルストイの民話』(福音館書店)及び『トルストイの民話』(偕成社文庫)はすでに確認済み。この作品はなかった。
回答プロセス	※『トルストイの民話』(福音館書店/1989)及び『トルストイの民話』(偕成社/1996)は確認済みということなので、 ◎ 『トルストイのこどものための本 1巻~6巻』(理論社/1972/Jトル)をすべて確認するが、当該作品はなし。 ◎ 『世界児童文学全集・作品名綜覧 上』(日外アソシエーツ/1999/S903/R)を確認するがトルストイの作品はなし。 ◎ インターネット検索→「国際子ども図書館-資料情報サービス-児童書総合目録」 http://www.kodomo.go.jp/resource/search/toc.html (2005/6/8 現在)を検索すると上記回答の【資料1】、【資料 2】、【資料3】がヒットする。 当館の所蔵確認→3冊とも所蔵あり。利用者に確認してもらうと原書の和訳であるとのこと。訳者が違うのですべて提供する。
参考資料	
寄与者	
照会先	

注記:
- 読みやすくするため、箇条書きにしたり、資料番号を付与したりします。
- 利用者が事前に調べていたことを記載します。
- インターネット情報の出典の記載にあたっては、情報が消失しやすいため、URLと確認日付が最低限必要となります。データベースなどを紹介するときには、読み手が確実に情報を追跡できるよう、検索の経路や検索語などを付与することも有効です。

付加的な情報	
NDC	ロシア文学(983:8版)
キーワード	トルストイ　ことり　小鳥　ロシア語　和訳本
解決/未解決	解決
調査種別	所蔵調査
内容種別	
質問者区分	社会人
事例作成日	2005/06/07
備考	

> データのテーマやトピックを表すキーワードを、利用者を想定して、付与します。
>
> ※キーワード中、「ロシア語」は本文に存在しませんが、ここに記載することで検索できるようになります。

＃　データ品質向上へのポイント！（こんなことを意識してみよう）　＃

　データの作成にあたっては、データの読み手が、そのレファレンスサービスにおいて、どのような質問が寄せられ、どのようなプロセスをたどって回答されたかが、容易にたどることができるように記載することが大切です。このことを目安に、作成したデータを点検しましょう。特に、データの公開にあたっては、複数の担当者で確認することが必要です。

　また、データの作成にあたっては、読みやすさへの配慮が必要です。箇条書きにしたり、資料に番号を付与したりするなど、工夫しましょう。また自分なりの型をつくることで、データの作成を効率的に行なうことができるようになります。

参考　⇒　ガイドライン 5.1.1「レファレンス事例データの質を高めるポイントは何か」

データ作成・公開に関するガイドライン

サンプル② 事実調査の例（歴史分野）

管理番号	今出川-2005-1
公開レベル	一般公開

中核的な項目	
質問	乃木希典の家紋を知りたい。
回答	千鹿野茂著『探訪江戸明治名士の墓』(新人物往来社、1993)に乃木希典の墓(都立青山霊園)の調査があり、「家紋、持ち合い四つ井筒」とあり。家紋名が確定できたので、同著『日本家紋総鑑』(角川書店、1993)にて、家紋の意匠を確認した。
事前調査事項	質問者が日本語による乃木希典の伝記類を事前に調査
回答プロセス	家紋が知りたい理由は、質問者が米国の大学教員であり、「日本人の殉死思想と死生観」というテーマの博士論文を大学出版局から刊行するにあたり、本文頁に転載したいというものであった。目的は、学術書への家紋転載であるため、ヴァリアントの多い家紋のなかでも極力正確を期す方針をとった。 1. 乃木神社のホームページを検索すると関連画像①の家紋を確認(http://www.nogijinja.or.jp/ 最終確認 2005/07/27)。しかし、デフォルメされている疑いあり。 2.『日本の参考図書』第4版(日本図書館協会、2002)を参照し、家紋関連の参考図書として、千鹿野茂著『日本家紋総鑑』(角川書店、1993)が存在することを確認する。 3. 千鹿野茂著『日本家紋総鑑』にて、乃木神社ホームページの家紋を探すも合致する家紋がみあたらない。基本的に検索は「家紋名」からになっており、家紋意匠の「形」から検索するのはかなり難しい。 4. 乃木の家紋名を調査するには伝記的記述を参照しておく必要があるため、データベース「人物レファレンス事典」(日外アソシエーツ)を検索して、各種人物情報事典を点検するが見当たらない。また自館OPACで所蔵する乃木の伝記を参照するもやはり言及がない。 5. 視点を変え、どのような「家紋の探し方」があるか知るため、同著者執筆の他の資料をインターネット上でNACSIS Webcat及び雑誌記事索引を検索し、いくつかヒットする資料を参照する。 6. その結果、同著『探訪江戸明治名士の墓』(新人物往来者、1993)があることがわかり、墓から家紋にアプローチすることにする。同書内に、乃木希典の墓(都立青山霊園)の項目があり、「家紋、持ち合い四つ井筒」と報告あり。 7. 3の『日本家紋総鑑』に戻り、「井筒」の項を参照すると家紋群のなかに「四つ持ち合い井筒」の意匠(関連画像②)があり、この紋の意匠が乃木の墓(都立青山霊園)から取ったものであるとの記述がある。 8. 念のため、乃木神社にホームページの家紋の由来を問い合わせる。同神社・権禰宜の文書での回答をみると、乃木の甥にあたる方が調べた「祖先」の乃木玉木家の定紋(関連画像③)に、丸枠を神社側で付加した意匠であることが判明した。
照会先	東京・乃木神社 〒107-0052 東京都港区赤坂8-11-27 電話:03-3478-3001 FAX:03-3478-3005 URL:http://www.nogijinja.or.jp/ (last access 2005/07/27)

参考資料	千鹿野茂著『日本家紋総鑑』角川書店, 1993
	千鹿野茂著『探訪江戸明治名士の墓』新人物往来社, 1993
	千鹿野茂著『都道府県別姓氏家紋』柏書房, 2004
	沼田頼輔著『綱要日本紋章學』明治書院, 1928

付加的な情報		
調査種別	事実調査	
事例作成日	2005年7月27日	
解決/未解決	解決	
キーワード	乃木希典	家紋
NDC	9版	280
内容種別	人物	
質問者区分	米国大学教授	
備考	この質問の受付回答の経緯は、京都新聞「なるほど図書館活用講座」(2005/8/3 朝刊)に掲載している。また、データの公開については、本人の了承を得ている。	
関連画像	乃木神社ホームページの家紋	神社側で乃木玉木家の家紋に○枠を付加して、改変したもの
	乃木希典の墓の家紋	『日本家紋総鑑』で報告されている「持ち合い四つ井筒」(都立青山霊園・乃木希典の墓より採取)
	乃木玉木家の家紋	乃木の甥にあたる方が調査した祖先の乃木玉木家の家紋。調査した記録の写しが乃木神社にある。この家紋に○枠をつけて、乃木神社のホームページの家紋意匠にしている。

> データの記載内容により質問者が特定される可能性があります。この場合には、公開について、質問者本人の同意を得ておくことも有効な手立てです。なお、同意を得て公開した場合には、その旨を「備考」に記すことが望まれます。
> 特に、プライバシーへの配慮を有する場合には、注意が必要です。

> 画像を探すことが目的の事実調査であるため、提供した画像を添付して、提供したサービスをより的確に反映したデータ作りをしています。

 # データ品質向上へのポイント！(こんなことを意識してみよう) #

　レファレンス事例データには、レファレンスサービスの情報源としての利用や、レファレンスサービスのPRとしての利用など、様々な用途があります。特に参加館において、質が高いと判断したデータや、公開することによってレファレンスサービスのアピールになると判断したデータは、定期的に点検し、必要に応じて改善しましょう。
　実際にPRに使用した場合には、それに関する情報を掲載することも有効です。

　参考 ⇒ ガイドライン2.2「レファレンス協同データベースには、どのような用途があるか」
　　　　　ガイドライン5.1.1「レファレンス事例の質を高めるポイントは何か」

サンプル③ 文献紹介の例（医学分野）

管理番号	礼葉協-2005-012
公開レベル	一般公開

中核的な項目	
質問	眼疾患のポスナーシュロスマン症候群の原因と、手術などで完治できないのか知りたい
回答	『医学書院医学大辞典』p.2288、『最新医学大辞典.第3版』p.1723、『現代の眼科学.改訂第8版』p.274 の同症候群の掲載箇所を提供した。 　また、当館では医学専門のデータベースが使えないこと、医学専門資料があまりないこと、研究中の最新の知見は英語論文に掲載されている可能性が高いことを伝え、「からだ情報館（東京女子医科大学病院）」、「東京大学医学図書館」を紹介した。
事前調査事項	
回答プロセス	『医学書院医学大辞典』p.2288、『最新医学大辞典.第3版』p.1723 に該当項目あり。いずれにも、「緑内障性毛様体炎発作」のことで、原因は不明、眼圧上昇と炎症に対する薬物療法が一般的であることが書かれている。 　『看護のための最新医学講座 20 巻.眼科疾患』にも同症候群は掲載されていたが、詳細な記述はなかった。また、緑内障の仲間であることがわかったので、『白内障・緑内障:ここまで進んだ最新治療』も参照したが、同症候群についてはふれられていなかった。 　『現代の眼科学.改訂第8版』に「通常は自然緩解と再発を繰り返す」との記述があった。念のためより最新の知見がないか、同症候群名で MAGAZINE PLUS を検索したところ、逆に 1980 年、1976 年と古い文献が見つかった。また、いずれの掲載雑誌も所蔵していないものだった。 　インターネット上の情報として日本眼科学会、日本緑内障学会のホームページを見た。一般向けページは用意されているものの同症候群は掲載されていなかった。Google でも検索したが、病院、学会、官公庁など信頼のおけるページで詳細な記述があるものはなく、治療法など個人ページなどに記述されたものだけだった。 　さらに最新の知見を知るために医学文献が探せる機関を紹介することを思い立ち、東京都立図書館の Web ページ＞医療情報サービス＞医療・健康関連リンク集から、「からだ情報館（東京女子医科大学病院）」、「東京大学医学図書館」が利用できることを確認した。

　良質な医療・健康情報の提供機関として、図書館は、資料に基づいた情報提供を行っています。しかしながら、この分野に関するレファレンスサービス及びレファレンス事例の作成・公開にあたっては、以下のような点に特に注意する必要があります。
（1）レファレンスサービス自体について
・最新の資料を使うよう心がける
・概要を把握するための辞典類、専門知識を得るための図書、最新の知見を得るための論文検索、さらにインターネット上で信頼性のある情報と網羅的に探す
・医学専門の検索や資料が十分でない場合は、専門機関を紹介する
（2）レファレンス事例データの作成・公開について
・資料の出版年を必ず記録する。
・回答プロセスを詳細に記録し、結果的に使わなかった情報源についても記録する。
・プライバシーの侵害にならないよう、十分に配慮する。

参考資料	医学書院医学大辞典(2003)
	最新医学大辞典.第3版(医歯薬出版,2005)
	現代の眼科学.改訂第8版(2002)
	白内障・緑内障:ここまで進んだ最新治療(双葉社,2002)
	東京都立図書館.医療情報サービス http://www.library.metro.tokyo.jp/1n/index.html
照会先	からだ情報館（東京女子医科大学病院)http://www.twmu.ac.jp/info-twmu/patient_library/
	東京大学医学図書館 http://www.lib.m.u-tokyo.ac.jp/

付加的な情報	
調査種別	文献紹介
事例作成日	2005/08/05
解決/未解決	解決
キーワード	眼-疾患
	ポスナーシュロスマン症候群
	緑内障性毛様体炎発作
NDCの版	9版
NDC	496
質問者区分	社会人
内容種別	疾病

> データのトピックとなっている専門用語については、キーワードに記入して、検索性を向上させています。

> 専門図書館では、内容種別が独特のものとなります。独自に分類体系を作成しています。

＃　データ品質向上へのポイント！（こんなことを意識してみよう）　＃

　レファレンス事例データは、利用者のニーズに応じて、専門的な内容を含む場合が多くあります。図書館の専門用語、慣用表現、省略形等を安易に用いないようにし、仮に用いる必要がある場合にも、前後の文脈から、定義や概念が類推できるように、標記に対しては、十分な配慮を行うことが必要です。

　　参考　⇒　ガイドライン5.1.1「レファレンス事例の質を高めるポイントは何か」

　専門領域に注力している参加館が提供するデータは、その分野のレファレンスサービス及びレファレンス事例データ作成に関するノウハウが凝縮されています。より良いレファレンスサービスを提供するため、またより良いデータを作成するため、他のデータを参照し、質の高いデータに学ぶことが望まれます。

　　参考　⇒　ガイドライン5.3.2「他のデータを参照し、質の高いデータに学ぶ」

（2）調べ方マニュアルデータ・サンプル

管理番号	101063
公開レベル	一般公開

中核的な情報	
調査テーマ	県史・市町村史（地方公共団体が編集・刊行したもの）
調べ方	〔当館の所蔵を調べるには〕 ●NDL-OPACで検索する場合 (1)戦後に受入・刊行されたもの 　都道府県史の場合、［件名：都道府県名（ex.北海道）　歴史（レキシ）］から、市町村史の場合、［件名：○○市（シ）、○○町（マチ）、○○村（ムラ）］から検索できます。 (2)戦前に受入されたもの 　件名がついていないので、書名キーワードに都道府県・市町村名などを入力して検索します。見当たらない場合は、語尾の町・村などをはずして入力してみて下さい。あるいは、下記(1)～(8)のような書誌・文献目録で書誌事項を確認してから検索します。 ●目録カードで検索する場合 　書名・著者名（○○市など）・件名（都道府県、市町村名）から検索できます。郡史（誌）は、頭にその府県名を付している傾向が見られるので、検索する場合には注意が必要です。（特に戦前のもの） 　戦前に刊行されたものでも、主要なものは戦後刊行の収書中にあります。また複製版が刊行されている可能性もあるので、戦後のカードあるいはNDL-OPACも検索してみてください。 〔刊行の有無や、書誌事項を確認するには〕 人文総合情報室に開架されている以下の文献目録をごらんください。 (1)『地方史文献総合目録』（上・下巻、索引　1970-75〈GB1-6〉） 　明治～昭和45年に刊行のものを収録しています。所蔵機関も記載していますが、「国会」の印があっても必ず当館の蔵書目録で所蔵を確認してください。 (2)『全国市町村史刊行総覧』(1989〈GB1-E13〉) 　昭和20年～63年3月刊行の自治体編集・発行分のみ収録しています。 以下のような資料もご利用できます。 (3)『新版地方史研究必携』(1985〈GB34-20〉) 　pp.479-482「地方誌史目録」のうち、「(2)都道府県史刊行一覧」（明治～昭和58.3刊分） (4)『角川日本地名大辞典』(1978-90〈GB11-38〉)　各巻巻末「参考図書目録」 (5)『日本歴史地名大系』(1979-〈GB11-44〉)　各巻の「文献解題」 (6)『日本史総覧　Ⅵ　近代・現代』(1984〈GB8-122〉) 　pp.435-461「明治以降都道府県郡市区史誌目録」 (7)『藩史大事典　第8巻』(1990〈GB8-E9〉)「史料・文献総覧」 (8)『地域研究・郷土資料図書目録』(1997〈GB1-G36〉) 　明治～1997.4までに刊行されたものを収録。 　史誌だけでなく、郷土研究に関する文献を幅広く収載しています。 その他、人文総合情報室に開架してある地方史（誌）目録や、各県の百科事典などもご利用になれます。

付加的な情報	
調べ方作成日	2002/07/19
NDC の版	9版
NDC	210（日本史）
キーワード	都道府県-歴史
	市町村-歴史
完成/未完成	完成
参考資料	
備考	http://www.ndl.go.jp/jp/data/theme/theme_honbun_101063.html

> 調べ方マニュアルデータは、質の保持への努力が必要なデータです。「調べ方作成日」を必ず記入し、一定の時間が経過したデータについては、情報源の再確認をする必要があります。

> 調べ方マニュアルデータは、参加館それぞれの刊行物やホームページで公開していることが多くあります。このような場合には、それらの情報の掲載場所を、「備考」に掲載することが望まれます。

＃　データ品質向上へのポイント！　＃

　レファレンス事例データが、利用者の個別の情報ニーズに応じて提供されたサービスの記録であるのに対し、調べ方マニュアルデータは、特定の利用者グループのために編集した付加価値の高い情報です。データの作成にあたっては、「何について」、「誰のために」作成されるのかを意識し、より質の高い情報を提供する必要があります。

　複数の担当者で確認し、正確な内容、適切な表記をするように努めるとともに、定期的に点検し、必要に応じて、情報を更新していくことが望まれます。

　　参考　⇒　ガイドライン 2.2.2「調べ方マニュアルデータには、どのような用途あるか」
　　　　　　ガイドライン 5.1.2「調べ方マニュアルデータの質を高めるためのポイントは何か」

(3) 特別コレクションデータ・サンプル

公開レベル	一般公開

中核的なデータ	
コレクション名	田中稲城文書（竹林文庫内）
コレクション名ヨミ	タナカイナキモンジョ（タケバヤシブンコナイ）
内容	初代帝国図書館長・初代日本文庫協会（現・日本図書館協会）会長を務めた田中稲城の記録文書群。主な内訳は、以下のとおりである。なお一部は、国立国会図書館憲政資料室において、マイクロフィルム（1974複製）2リールで保管されている。 1. 帝国図書館設立関係の草稿・文書約160点 　帝国図書館設立関係では「書籍館ニ就キテノ卑見」、「帝国図書館設立の議」、「帝国図書館設立案」、「図書館新築説明書」（建築構想図面二枚付）、「開館式祝文々辞」等、建議から館運用案に至る草稿・文書類が含まれ、国立図書館成立前史・成立過程を伺い知る記録群となっている。また、田中稲城の著作『図書館管理法』の原稿や履歴書もある。 2. 書翰約810点 　図書館関係・個人約140点、欧文約150点、旧岩国藩主吉川家及び郷里関係約520点他穂積陳重、井上哲次郎、加藤弘之、加藤高明、牧野伸顕、外山正一、狩野亨吉等、差出人には近代日本の礎を築いた人物名が連なる。欧文書翰は、大英博物館やハーバード大学図書館からものが多く、東京図書館長・帝国図書館長時代が中心となる。吉川家及び郷里関係は、田中の出身地岩国の教育に関する相談事や、宮内省からの叙位式通達、園遊会の招待状等である。 3. 欧米留学関係約20点 　「ハーバード大学図書館ニ付報告」、「ウースター図書館の記・プロヴィデンス図書館の記」等が含まれる。欧米留学は明治二十一年（1888）、文部省より1年半に亘って図書館に関する学術修業を命じられたもので、主な訪問先はハーバード大学図書館、米国議会図書館、大英博物館、仏・独の国立王立図書館等となっている。 4. 学生時代の講義筆記・詩文類約140点等
来歴	近代図書館史研究者として知られる竹林熊彦（1888-1960）が、帝国図書館の成立過程を研究するにあたり、昭和初期に田中稲城の遺族・田中誠二氏から記録文書類を寄せられたことに遡る。竹林はこの資料群を用いて、「田中稲城―人と業績―」（『図書館雑誌』第36巻3号、1942）・「田中稲城著作集」（『図書館雑誌』第36巻6号・7号・9号、1942）、『近世日本文庫史』（大雅堂、1943）等を発表した。竹林没後の昭和三十六年（1961）、遺族・竹林春彦氏から田中の記録文書類を同志社大学図書館に寄贈されたことが所蔵の由来となる。ながらく未整理のままであったが、整理作業が完了し2005年4月から公開のはこびとなった。
所蔵点数	全1,339点数
継続	無

データ作成・公開に関するガイドライン

付加的な情報		
利用条件	1. 閲覧：①所属機関（一般の方の場合は公共図書館）を通じた事前の照会と紹介状が必要、②貴重資料扱いのため館内の指定場所で閲覧 2. 複写：プライバシー保護に抵触しない資料については、必要と認めた場合複製コピーからの複写が可能 3. 貸出不可（但し、展示会等への出品は別途相談）	利用するための制限事項等は、「利用条件」に記入します。
目録等	『同志社大学竹林文庫 Manuscript Register』、『項目記入表』（全10冊：ISAD(G)準拠した資料1点ごとの内容記述）、『Finding Aids』（全3冊：年譜・書簡差出人一覧等）	冊子目録を作成したり、デジタルアーカイブを構築したりしている場合には、それらの情報を「目録等」に記入します。
紹介文献	井上真琴・大野愛耶・熊野絢子「公開なった田中稲城文書」（『図書館雑誌』99(3),2005, 「竹林文庫の記録文書類、ついに公開」（『同志社大学総合情報センター報』No.29,2005 URL:http://www.doshisha.ac.jp/gakujo/center/pdf/cent29.pdf ［最終確認 2005/07/28］） 「田中稲城」（『近現代日本人物史料情報辞典』補遺版、吉川弘文館、2005年11月刊行予定）	本や雑誌で紹介している場合には、それらの情報を、「紹介文献」に記入します。
備考	田中稲城文書の所有者及び管理者は、同志社大学総合情報センター 元所有者は、東京大学工学部名誉教授・田中誠之氏（東京在住）	
関連画像	田中稲城肖像写真	山口県岩国市岩国徴古館が写真のネガフィルムを所蔵 肖像公開については遺族・田中誠之氏の承認あり 国立国会図書館には写真プリント・フィルムともに所蔵がないことを確認（2005.1）	画像は、コレクションを広報する上で、有効です。 ただし、画像の登録にあたっては、著作権上問題がないことや、転載許諾依頼に対する対応などを確認したうえで登録します。

```
# データ品質向上へのポイント！ #

　図書館が所蔵する特別コレクションは、レファレンスサービスの有力な情報源になります。利用条件なども明記し、レファレンス情報源として十分な情報を記載するようにします。
　また、データの公開により、特徴あるコレクションの存在を説明する際の資料として利用できます。紹介記事やデジタルアーカイブがある場合には、これらの情報も明記し、コレクションの網羅的な情報を記載するようにします。

　参考 ⇒ ガイドライン2.2.3「特別コレクションデータには、どのような用途があるか」
```

(4) 参加館プロファイルデータ・サンプル

館種	1110001
公開レベル	一般公開

中核的な情報	
図書館名（正式）	国立国会図書館(National Diet Library)
図書館名（略式）	国会図書館(NDL)
図書館ヨミ	コクリツコッカイトショカン
郵便番号	100－8924
住所	東京都千代田区永田町1－10－1
電話番号1	03(3581)2331　（代表）
電話番号2	03(3506)3300　（音声・自動応答）
電話番号3	
FAX 番号	
E-Mail（管理者）	*****@ndl.go.jp
E-Mail	

> 電子メールレファレンスを行っている場合には、「E-Mail」に記入します。

付加的な情報	
URL	http://www.ndl.go.jp/
開館情報	国立国会図書館は東京本館、関西館、国際子ども図書館の3つの館でサービスを行っています。それぞれの館についての利用時間や休館日などは以下のサイトの「サービスポイント」でご確認下さい。 http://www.ndl.go.jp/
利用条件	国立国会図書館は東京本館、関西館、国際子ども図書館の3つの館でサービスを行っています。それぞれの館についての入館資格などは以下のサイトの「サービスポイント」でご確認下さい。 http://www.ndl.go.jp/
沿革	国立国会図書館は東京本館、関西館、国際子ども図書館の3つの館でサービスを行っています。それぞれの館についての沿革は以下のサイトでご確認下さい。 http://www.ndl.go.jp/

> 「開館情報」、「利用条件」等、付加的な情報について自館のホームページで情報を提供している場合には、その情報が記載されている URL も記入します。

特色	国立国会図書館は東京本館、関西館、国際子ども図書館の3つの館でサービスを行っています。それぞれの館の所蔵資料やサービスなどについては以下のサイトの「サービスポイント」でご確認下さい。 http://www.ndl.go.jp/
注意事項	＜個人の方へ＞個人の方からの文書（電子メール、FAX,郵送）によるレファレンスには応じておりません。お近くの公共図書館や大学図書館にご相談いただき、回答が得られなかった場合は、その図書館を通じて国立国会図書館に対してレファレンスを申し込むことができます。まずはお近くの図書館や所属の大学図書館にご相談ください。 ＜図書館員の方へ＞電子メールレファレンスサービスは登録制です（登録対象は図書館のみ）。詳細は以下のサイトの「図書館員のページ」＞「サービス」＞「レファレンス」でご確認ください。 http://www.ndl.go.jp/
交通アクセス	国立国会図書館は東京本館、関西館、国際子ども図書館の3つの館でサービスを行っています。それぞれの館への交通手段については以下のサイトの「サービスポイント」でご確認下さい。 http://www.ndl.go.jp/

（注意事項欄について）サービスに関する制限事項がある場合には、必ず明記します。

＃　データ品質向上へのポイント！　＃

　参加館プロファイルデータは、事業で公開しているレファレンス事例データ、調べ方マニュアルデータ及び特別コレクションデータに関する問い合わせ先や、協力レファレンスの依頼先を参照する用途があるため、データの作成にあたっては、運用体制の整備を踏まえて情報を整理することが必要です。またレファレンスサービスの情報源となる十分な情報を提供するため、サービスや蔵書の特徴に関する情報を整理することも必要です。

　参加館プロファイルデータは、レファレンス事例データ等他のデータを一件でも公開している場合には、それに準じて公開する必要があります。館内での合意に基づき、適切な情報を提供してください。

　　参考　⇒　ガイドライン2.2.4「参加館プロファイルデータには、どのような用途があるか」

レファレンス協同データベース事業
レファレンス事例集

レファレンス事例集の作成にあたって

1 作成の目的

　このレファレンス事例集は、レファレンス協同データベースの活用、とりわけレファレンス事例データの活用と登録を促進することを目的に、作成した。レファレンス事例データの登録という点では、主に参加館を対象としているが、一般公開の事例を紹介しているという意味では、未参加の図書館や国民の方々にも広く活用していただけるものと思われる。

2 レファレンス事例集の見方

　レファレンス事例集を構成する各節は、レファレンス事例、内容解説、参考情報からなる。

(1) レファレンス事例

　レファレンス事例は、レファレンス協同データベースにおける固有の番号(登録番号・URL)、中核的な情報(質問・回答・回答プロセス・参考資料・照会先)、及び付加的な情報(提供館・公開レベル・事例作成日・解決/未解決・調査種別・内容種別・質問者区分・NDC・キーワード・備考)の内容を記載している。ただし、中核的な情報を記す項目について、記載がない場合は項目の表示を省略した。

(2) 内容解説

　レファレンス事例の内容について、留意すべきポイントを解説した。その際、解説者の個人的な体験や、レファレンス事例に関わる一般的な内容は、内容解説の【注記】とした。

(3) 参考情報

　内容解説の理解を助けるため、必要に応じて、併せて参考にすべきレファレンス事例データ、調べ方マニュアルデータの例や、参考文献等の情報を記載した。
　レファレンス事例データ、調べ方マニュアルデータについては、質問文又は質問文の要約の後ろに( )書きで提供館名と当該データの登録番号を付した。また、インターネット上で確認できる情報については、最終確認を2006年1月20日に行い、URLを付した。

==

○　2004年3月から2005年12月までに登録されているデータ(総登録件数19,067件)を対象として選定した。

○　レファレンスサービスの多様性が俯瞰できるよう、特徴的なものを選定した。

○　選定された時点で未記入の項目があった場合には、必要に応じて提供館に追記を依頼した。

○　記載内容に誤植等があった場合には、提供館に修正を依頼した。

==

－目次－

1 調査種別を知る 1
   1‐(1) 文献紹介 1
   1‐(2) 事実調査 3
   1‐(3) 所蔵調査・所蔵機関調査 5

2 質問者別に読む 7
   2‐(1) 児童・生徒から寄せられた質問の事例 7
   2‐(2) 大学生から寄せられた質問の事例 8
   2‐(3) 学校から寄せられた質問の事例 9
   2‐(4) 学内から寄せられた質問の事例 12

3 内容別に読む 15

3.1 特徴的なもの 15
   3.1‐(1) 郷土に関する質問の事例 15
   3.1‐(2) 地域の生活情報に関する質問の事例 16
   3.1‐(3) 医療・健康情報に関する質問の事例 17

3.2 主題別 21
   3.2‐(1) 統計分野の質問の事例 21
   3.2‐(2) 工学分野の質問の事例 22
   3.2‐(3) 法律分野の質問の事例 24
   3.2‐(4) 和歌・俳句分野の質問の事例 26

3.3 資料の種類別 28
   3.3‐(1) 翻訳資料に関する質問の事例 28
   3.3‐(2) 特別コレクションに関する質問の事例 30
   3.3‐(3) 映像に関する質問の事例 32
   3.3‐(4) 画像に関する質問の事例 34
   3.3‐(5) 楽譜に関する質問の事例 35
   3.3‐(6) 新聞に関する質問の事例 37

4　質問の型別に読む 40
- 4-(1)　由来を尋ねる質問の事例 40
- 4-(2)　語源を尋ねる質問の事例 42
- 4-(3)　真偽を尋ねる質問の事例 43
- 4-(4)　理由を尋ねる質問の事例 44
- 4-(5)　あらすじから探すことを求める質問の事例 46

5　データからノウハウを学ぶ 48
- 5-(1)　類縁機関を使う事例 48
- 5-(2)　インターネット情報源を使う事例 49
- 5-(3)　レファレンス事例データを使う事例 51
- 5-(4)　自館で作成したレファレンスツールを使う事例 52
- 5-(5)　調査プロセスを学ぶ事例 53
- 5-(6)　調査に必要な知識・技術を学ぶ事例 54
- 5-(7)　利用者とのコミュニケーションスキルを学ぶ事例 56
- 5-(8)　未解決事例に学ぶ事例 58

1　調査種別を知る

レファレンスサービスには、いくつかの調査の種類がある。一般に、文献紹介、事実調査、書誌的事項調査、所蔵調査、所蔵機関調査、利用案内、その他に大別される。第 1 章では、調査種別の観点から、レファレンス事例データを紹介する。

1-（1）文献紹介

登録番号　1000025239　　(http://crd.ndl.go.jp/GENERAL/servlet/detail.reference?id=1000025239)

[質問]

クリスマスのイベントで大人を対象に朗読をしたい。できれば心温まる作品で、ハッピーエンドのものがよい。読み手も大人で、BGM・効果音などはつけない。時間は15～20分で、絵本などを何点か読むのではなく、長編を1作品読みたい。おすすめの本をおしえてほしい。

[回答]

15冊の本を紹介した。

定番のもの（「賢者のおくりもの」「サンタクロースっているんでしょうか？」）がよいのか、あまり知られていない洒落た感じのものがよいのかなど、おすすめするにも方向性があるため、利用者自身に選んでもらうことにした。

また、自分が読んでおもしろくても、読み聞かせたときに、聞く側に容易に情景が浮かぶかどうかにも注意して選ぶと良い、ということなどをアドバイスした。

紹介した資料（利用者は、2, 5, 7, 9, 10, 11, 13を借りてかえった。）

1　賢者のおくりもの　オーヘンリー／著　1990　講談社（青い鳥文庫）（93/ケ　1020150387)→定番のものとして紹介

2　サンタクロースっているんでしょうか？　[Francis P. Church]著　1977　偕成社（933/サ　1020150387)→定番

3　おもいでのクリスマスツリー　グロリア・ヒューストン／ぶん　1991　ほるぷ出版（E/オ　1020335343）

4　もみのき　ハンス・クリスチャン・アンデルセン／文　2005　岩崎書店（E/モミ　1020728463）

5　急行「北極号」　クリス・ヴァン・オールズバーグ／絵・文　2003　あすなろ書房（E/キュ　1020685663）

6　グロースターの仕たて屋（ピーターラビットの絵本）　ビアトリクス・ポター／さく　1988　福音館書店（E/ヒ　1020508162）

7 クリスマス人形のねがい　ルーマー・ゴッデン／文　2001　岩波書店（933/クリ　1020627921）

8 ちいさなろば　ルース・エインズワース／作　2002　福音館書店（E/チイ　1020689749）

9 34丁目の奇跡　ヴァレンタイン・ディヴィス／著　2002　あすなろ書房（933/テヒ　1014100893）

10 クリスマスの思い出　トルーマン・カポーティ／著　1990　文芸春秋（933/カ　1012052476）

11 デューク　江國香織／文　2000　講談社（913.6/エクニ　1013722762）

12 クリスマス物語集　中村妙子／編訳　1979　偕成社（93/ク　1020272686）

13 天使のジョン　北川想子／イラスト　2003　白泉社（726.5/キタカ　1014068363）→内容がクリスマスというわけではないが、MOEのおすすめ。

14 空からふるもの　おーなり由子／著　2000　白泉社（726.5/オナリ　1013650542）→内容がクリスマスというわけではないが、MOEのおすすめ。

15 マローンおばさん　エリナー・ファージョン／著　1996　こぐま社（931/マロ　1020470439）→内容がクリスマスというわけでないが、MOEのおすすめ。

[回答プロセス]

1　自館OPACで「クリスマス」を検索。

2　国際子ども図書館HP
http://kodomo3.kodomo.go.jp/web/ippan/cgi-bin/fKJN.pl?act=KW
から、あらすじにクリスマスと入っているものを検索。

3　Googleで書評のHPなどを検索。

4　職員に各自の読書記憶の中から、おすすめする本がないかをきく。

5　雑誌、「ダ・ヴィンチ」、「MOE」各12月号に特集がないかを確認。

[提供館]福井県立図書館　[公開レベル]一般公開　[事例作成日]2005年10月09日
[解決/未解決]解決　[調査種別]文献紹介　[内容種別]　[質問者区分]社会人　[NDC]図書館.図書館学(01:)
[キーワード]クリスマス　読み聞かせ　朗読会　[備考]

◆内容解説

> 文献紹介は、普通、利用者からの特定のテーマや著者に関する図書や雑誌記事・論文を紹介してほしいという質問に対して、調査し関係する文献を紹介するものである。
> この事例はやや特別で、「クリスマスのイベントで大人を対象に朗読したい」と利用者が目的を明示して、かつ、いくつかの条件をつけている。図書館側は、定番のもの、あまり知られていない洒落た感じの

> ものなどの視点から探している。
> こうした場合、図書館側の、日頃のトレーニングの成果があらわれる。質問を受けた職員が、よくトレーニングされていると、広い視野から、多様な「検索戦略」を即座に立てることができる。これは、それを考えるよい事例といえる。

1-(2) 事実調査

登録番号 1000023861　(http://crd.ndl.go.jp/GENERAL/servlet/detail.reference?id=1000023861)

[質問]

親と同居している子供としていない子供の割合について

[回答]

インターネット上に平成7年国勢調査の結果が発表されており、この中に「親子の同居等に関する特別集計結果(2004.9.14公開)」がある。
(参照URL・・・http://www.stat.go.jp/data/kokusei/1995/22.htm)
(最終参照日：2005/09/07)
これを参照すると親との同居率は42.5%(男性44.5%、女性40.5%)とある。

2005年9月現在では上記の「国勢調査」の統計データのほか、以下のものがある。

「平成12年国勢調査報告(3巻　人口の労働力状態、就業者の産業(大分類)、教育　その1　全国編　p.302-303)」
年齢別同居と非同居数が書かれている。

「第12回出生動向基本調査」
結婚と出産に関する全国調査　独身調査の結果概要
(参照URL・・・http://www.ipss.go.jp/ps-doukou/j/doukou12_s/doukou12_s.html)
「Ⅳ.未婚者の生活と意識」に18歳以上50歳未満の未婚者男女別で親との同居割合が書かれている。
(参照URL・・・http://www.ipss.go.jp/ps-doukou/j/doukou12_s/chapter4.html#41)
(最終参照日：2005/09/07)

「21世紀成年縦断調査(国民の生活に関する継続調査、第1回　平成14年度)」
親との同居について言及していることが統計情報インデックスに記載されている。
(当館に所蔵無し、未確認)

その他に
「平成15年の国民生活白書(デフレと生活・若年フリーターの現在、p.101)」
20～34歳の同居率が掲載されている。

[回答プロセス]

統計情報インデックスを使う(「親との同居」、p.18)。
加えてインターネット上にある統計資料を検索し、より新しい情報を学生に案内した。

[参考資料]

平成7年国勢調査　親子の同居等に関する特別集計結果　結果の要約(2004.9.14公開) /
　総務省統計局
　　(参照URL・・・http://www.stat.go.jp/data/kokusei/1995/22.htm)
　　(最終参照日：2005/09/07)
国勢調査報告　平成12年 / 総理府統計局編　東京：日本統計協会, 2002
第12回出生動向基本調査　結婚と出産に関する全国調査　独身調査の結果概要 / 国立社
　会保障・人口問題研究所
　　(参照URL・・・http://www.ipss.go.jp/ps-doukou/j/doukou12_s/doukou12_s.html)
　「Ⅳ.未婚者の生活と意識」
　　(参照URL・・・http://www.ipss.go.jp/ps-doukou/j/doukou12_s/chapter4.html#41)
　　(最終参照日：2005/09/07)
国民生活白書　平成15年 / 内閣府編　東京：国立印刷局, 2003
統計情報インデックス 2005/ 総務庁統計局編　東京：日本統計協会, 2005

[提供館]嘉悦大学図書館　[公開レベル]一般公開　[事例作成日]2005年09月07日
[解決/未解決]解決　[調査種別]事実調査　[内容種別]　[質問者区分]学生　[NDC]人口統計.国勢調査(358:9版)
[キーワード]親　子　同居　[備考]質問自体は事実調査であるが、ゼミの課題であるということが判明したので文献検索の手法、統計データの利用を案内した。※今回事例作成するにあたり、2005年9月に再調査を行った。

◆内容解説

> 統計数値を求めている事実調査の例である。総務省統計局の『統計情報インデックス』とインターネット上の情報源を組みあわせて探索、回答している。
> 統計は、同じキーワードに関するものでも、調査機関や目的の違うものが、複数存在している場合が多い。こうした事情を反映してか、『統計情報インデックス』は民間統計まで視野に入れて作成されるようになった。また、インターネット上には、同一分野、キーワードに関わ

> る系統の異なる統計を案内するページやリンク集が作成されるようになった。この事例は、こうした点にめくばりして調査、回答している事例でもある。

参照　⇒　「3.2 - (1) 統計分野の質問の事例」内容解説

1-(3) 所蔵調査・所蔵機関調査

登録番号　1000025076　(http://crd.ndl.go.jp/GENERAL/servlet/detail.reference?id=1000025076)

[質問]

中国の人民教育出版社から1965年から2001年までに出版された、地理教科書(初級中学)各版を見たい。

[回答]

NACSIS-CATで何件かヒットしますので、貸借可能なものは借りられます。

また、(財)教科書研究センター附属教科書図書館ではある程度網羅的に所蔵していますが、貸借不可ですので、見に行ってもらう必要があります。

[回答プロセス]

NACSIS-CATでキーワード「ちゅうごく」「ちり」「しょきゅう」等入力し検索すると、何件かヒットするが、とても網羅的に出てきているとは思えない結果であった。また、中国の教科書制度にも詳しくないので、(財)教科書研究センター附属教科書図書館に、所蔵の有無と書誌を確認できるツールがないか問い合わせたところ、

* 中国教科書の書誌を確認できるツールは見たことがない
* 中国の場合、まず試用本(実験本とも)が発行され、数年間使った後修正して新たに発行する
* 義務教育期間は9年だが、地域によって六三制と五四制とに別れ、教科書の内容も若干異なる
* 1990年頃からはISBNがある、それ以前のものは奥付に書号と言うアルファベット1文字＋4桁＋3～4桁の数字がついている

との解説と、所蔵教科書のリストをいただいた。

また、外国の教育制度については、「諸外国の初等中等教育」(文部科学省生涯学習政策局調査企画課、2002)や「諸外国の教育の動き」(文部省大臣官房調査統計企画課、年刊)が参考になるとのご教示いただいた。

その後、福岡教育大学、滋賀大学、愛知教育大学、東京学芸大学、(財)ユネスコ・アジア文化センターACCUライブラリに問い合せ、いくつか所蔵、貸借可能な図書があった。

[参考資料]

「諸外国の初等中等教育」(文部科学省生涯学習政策局調査企画課、2002)

「諸外国の教育の動き」(文部省大臣官房調査統計企画課、年刊)

[照会先]
(財)教科書研究センター附属教科書図書館
福岡教育大学附属図書館
滋賀大学附属図書館
愛知教育大学附属図書館
東京学芸大学附属図書館
(財)ユネスコ・アジア文化センターACCUライブラリ

[提供館]徳島大学附属図書館　[公開レベル]一般公開　[事例作成日]2005年11月28日
[解決/未解決]解決　[調査種別]所蔵調査　[内容種別]教科書　[質問者区分]学生　[NDC]教育課程.学習指導.教科別教育(375:9版)

[キーワード]中国　地理　教科書　初級中学　[備考]

◆内容解説

所蔵調査、所蔵機関調査に関する質問は、
① 利用者が日頃使っている図書館で、求める文献が所蔵されているかどうか尋ねる
② 日頃利用している図書館の所蔵状態について、利用者がある程度イメージを持っていて、所蔵していないだろうという予想のもとに、漠然と「どこか所蔵しているところはないか」あるいは「見たい」と尋ねる
という2つが多い。
この事例は、②に該当すると考えられる。調査の過程で、類縁機関にも、丁寧に問い合わせている好例である。

【注記】
NACSIS-CAT(Webcat)の場合、自館の所蔵状況までわかるので、自館のOPACで検索しないで、NACSIS-CATから検索をはじめたとも思われるが、通常は、自館のOPACで一度検索してから、総合目録データベースを検索するようにした方がよい。なお、上記の①の場合、自館で所蔵していない時は、「どこか所蔵している図書館はないか?」と所蔵機関調査に展開していく場合が多い。また、「書店などを通じて手に入らないか?」という質問に展開することもあり、出版情報の検索や特定の書店の在庫確認などを行うことになる。

参照　⇒　「5-(1)類縁機関を使う事例」内容解説

2 質問者別に読む

> レファレンスサービスの回答内容は、質問者の年齢等によって大きく変わる。第 2 章では、質問者の属性によって回答がどのように変化するかという観点から、レファレンス事例データを紹介する。

2-(1) 児童・生徒から寄せられた質問の事例

登録番号　1000012949　(http://crd.ndl.go.jp/GENERAL/servlet/detail.reference?id=1000012949)

[質問]
昔の人たち(祖父母の代)が使っていた道具について知りたい。(小学低学年)

[回答]
1　小学生から『民俗資料集』(岐南町歴史民俗資料館, 1982-1990)の出納を依頼されるが、タイトルから判断して難しいのではと考え、詳しく話を聞いてみると、昔の人たちが使っていた道具について分かりやすく書いた本を探しているとのこと。
2　内容は一般的なことがらであったが、郷土コーナーにもちょっと昔の探検隊編著『ちょっと昔の…』(岐阜新聞社, 2001)、『民具が語る昭和時代』(岐阜市歴史博物館, 1994)などの本があるので紹介する。

[参考資料]
『民俗資料集』(岐南町歴史民俗資料館, 1982-1990)
ちょっと昔の探検隊編著『ちょっと昔の…』(岐阜新聞社, 2001)
『民具が語る昭和時代』(岐阜市歴史博物館, 1994)

[提供館]岐阜県図書館　[公開レベル]一般公開　[事例作成日]2004 年 10 月
[解決/未解決]解決　[調査種別]文献紹介　[内容種別]郷土　[質問者区分]小中学生　[NDC]風俗習慣. 民俗学. 民族学(380:)
[キーワード]民具　[備考]タッチパネル式の検索機では書名のヨミから検索するので、ときに小学生には難しい本がヒットする場合があり、そのままカウンターで書庫出納を依頼されてしまう。そのときには、何を調べているのかを確認したほうがよい。

◆内容解説

> 児童からの質問の事例である。
> この事例は、おそらく、質問した児童(小学低学年)が、先生、家族、あるいは近しい人に相談し、「回答」の 1 に示された資料(『民俗資

> 料集』)を図書館に行って見るとよいとアドバイスを受けたものであろう。記述にみられるように図書館職員が、図書の内容の程度(難しさ)と児童(小学低学年)のギャップに気がついて、生徒にインタビューをして、「分かりやすく書いた本」という質問をひき出して、それにふさわしい図書を提供している。
> 児童・生徒には、児童・生徒の学齢とその発達段階にふさわしいレベルの図書を提供することが求められる。発達段階は個々に違いがあるので、児童・生徒の気持ちをインタビューの中で素早くとらえて、対応できるようにしたい。

◆参考情報

> 【レファレンス事例データ】
> 本はどうやって集めているのですか？(6歳)　(東京都立中央図書館　1000021682)
> http://crd.ndl.go.jp/GENERAL/servlet/detail.reference?id=1000021682

2-(2) 大学生から寄せられた質問の事例

登録番号　1000004333　(http://crd.ndl.go.jp/GENERAL/servlet/detail.reference?id=1000004333)

[質問]
卒論で、子供の権利条約について、成立の過程から現在までの実施状況、日本の現状を書きたい。関係する国連文書はあるか。国連文書の調べ方、条約の勉強の仕方を教えて欲しい。

[回答]
① 国連文書の調べ方：国連のホームページで検索・入手できる。
② 条約について：Treaty series という条約集を所蔵しているが、条約の原文が集約されている資料なので、実施状況が知りたい場合には役に立たないかも知れない。
③ NACSIS-Webcat で検索：「こども　けんり　じょうやく」で検索すると多数の図書が出てくるので参考にされてはとすすめる。
④ 「国際連合の基礎知識」(99.11.30 発行)の p.275-に子供の権利条約についての大まかな流れがかいてある。
⑤ 質問者が、京都在住なので京都国連寄託図書館を勧める。

[参考資料]
国際連合の基礎知識　改訂第5版,1999.11|研究所図国連　UN-98-I-20

[照会先]
京都国連寄託図書館

[提供館]神戸大学附属図書館　[公開レベル]一般公開　[事例作成日]1998年01月30日
[解決/未解決]解決　[調査種別]利用案内　[内容種別]　[質問者区分]学生　[NDC]外交.国際問題(319:9版)
[キーワード]子供　権利　条約　国際連合　[備考]

◆内容解説

> 調べ方の案内の例である。
> 事例では、「国連文書の調べ方、条約の勉強の仕方を教えて欲しい。」と求めているが、大学教育の枠組みの中で大学図書館ができるのは、調べ方の案内までであり、個々のテーマの勉強の仕方は、大学教員の責任領域になる。したがって、まずは調べ方について案内し、もし、利用者(学生)から、「勉強の仕方を教えて欲しい。」と再度要望されたら、教員に相談するようすすめるか、「自分で勉強するのであれば…」と書架に案内して、条約に関する解説書等を紹介することになる。
> 調べ方の案内では、できるだけ広い視野から、要点を伝える。この事例は、インターネット情報源から類縁機関まで、幅広く紹介している。

参照　⇒　「5－(1) 類縁機関を使う事例」内容解説
　　　　　　「5－(2) インターネット情報源を使う事例」内容解説

2-(3) 学校から寄せられた質問の事例

登録番号　1000004192　(http://crd.ndl.go.jp/GENERAL/servlet/detail.reference?id=1000004192)

[質問]
稲わらを使ったお正月飾りは、いろいろな形があるようですが、千葉県では、どのような形のものがあるのか、その作り方や、それぞれの飾りに使うものの意味(例ミカンが一緒に飾りに使われるのを目にするがなぜミカンなのか)小学校4年生の総合的な学習の時間の活動で、自分たちで育てた稲の収穫を終え、稲わらの利用について、お正月飾りを作る取り組みを考えているが、作り方や意味などがわかる資料を探している。

[回答]
小学生向けの作り方としては、県立中央図書館　児童資料室に次の資料がありました。
1　「写真でわかるぼくらのイネつくり　第4巻　料理とワラ加工」農文協　編　2002年
　　　ワラ打ちや縄ない、リースとお正月のしめ縄作りについて写真入りで説明しています。
2　「伝承遊び事典」芸術教育研究所　編　黎明書房　1985年

なわない　として正月飾りの作り方が載っています。4年生には記述が難しいかもしれません。

千葉県のお正月飾りについて、県立中央図書館　千葉県資料室に次の資料がありました。
3　「昔なつかし藁つくし　くらしのなかのワラ」　千葉県立上総博物館　1993年
4　「企画展　祈りのこころ　祈りのかたち　展示図録」　千葉県立大利根博物館　2001年
5　「和田の伝承」　佐倉市和田公民館　1998年
6　「柏の民俗　考察編」　柏市教育委員会　1991年
7　「房総の庶民生活　木更津地方の村と民俗」　岡倉捷郎　著　うらべ書房　1984年
8　「昭和地区の民俗　袖ヶ浦町民民俗文化財調査報告書」　袖ヶ浦町教育委員会　1987年
9　「上総富津の正月　安房平群の年中行事」　渡辺欣雄　著　1967年

お飾りの意味について、県立西部図書館で所蔵している資料をいくつかご紹介します。
10　「冠婚葬祭暮らしの便利事典　改訂新版」　小学館　2002年
　　　新年の項に、飾り方と意味が載っています。記述は詳しくありませんがイラストもあり小学生にはわかりやすいかと思います。
11　「日本民俗大辞典　上」　福田アジオほか編　吉川弘文館　1999年
　　　正月、正月飾りの項に記述があります。
12　「図説　藁の文化」　宮崎清　著　法政大学出版局　1995年
　　　お正月に限定しませんが全国のしめかざりが載っており、千葉県船橋市、袖ヶ浦市のものについてイラストがあります。
13　「江馬務著作集　第5巻」　江馬務　著　中央公論社　昭和51年
　　　正月の飾り物と食べ物の由来が書かれています。

ところで、お正月飾りではないのですが千葉県では七夕の時に藁やマコモなどの草でウマやウシを作る習慣があります。こちらの作り方でしたら次の資料に載っています。西部図書館で所蔵しています。
14　「草で作ったウマとウシⅠ・Ⅱ」　千葉県立房総のむら　平成10年
15　「千葉県の七夕馬」　千葉県立房総のむら　平成12年
これらの本を刊行した千葉県立房総のむらではお正月飾りの作り方の実演や展示をしているようですので、お問い合わせになってはいかがでしょうか（電話0476－95－3333）。

千葉県立図書館ホームページ、図書館資料の検索
（http://www.library.pref.chiba.jp/kensaku.html）の「図書・視聴覚資料の検索」で、一般件名「藁」として検索したところ14件の資料が見つかりました。

上記の1、3、12、14、15の資料はこのようにして探したものです。ほかに「民具」、「稲」といった検索語でもお試しください。

[事前調査事項]

Googleの検索から妙義小のページにお正月飾りの作り方のページがありましたが、群馬と千葉では形が違うのではないかと思いました。

[参考資料]

「写真でわかるぼくらのイネつくり 第4巻 料理とワラ加工」農文協 編 2002年

「伝承遊び事典」芸術教育研究所 編 黎明書房 1985年

「昔なつかし藁つくし くらしのなかのワラ」千葉県立上総博物館 1993年

「企画展 祈りのこころ 祈りのかたち 展示図録」千葉県立大利根博物館 2001年

「和田の伝承」佐倉市和田公民館 1998年

「柏の民俗 考察編」柏市教育委員会 1991年

「房総の庶民生活 木更津地方の村と民俗」岡倉捷郎 著 うらべ書房 1984年

「昭和地区の民俗 袖ヶ浦町民民俗文化財調査報告書」袖ヶ浦町教育委員会 1987年

「上総富津の正月 安房平群の年中行事」渡辺欣雄 著 1967年

「冠婚葬祭暮らしの便利事典 改訂新版」小学館 2002年

「日本民俗大辞典 上」福田アジオほか編 吉川弘文館 1999年

「図説 藁の文化」宮崎清 著 法政大学出版局 1995年

「江馬務著作集 第5巻」江馬務 著 中央公論社 昭和51年

「草で作ったウマとウシⅠ・Ⅱ」千葉県立房総のむら 平成10年

「千葉県の七夕馬」千葉県立房総のむら 平成12年

[照会先]

千葉県立中央図書館

[提供館]千葉県立西部図書館 [公開レベル]一般公開 [事例作成日]2003年11月06日
[解決/未解決]解決 [調査種別]文献紹介 [内容種別]郷土 [質問者区分]社会人 [NDC]衣住食の習俗(383:7版)
[キーワード]稲わら 正月飾り 稲 民具 [備考]

◆内容解説

ものの作り方についてのレファレンス質問は多い。レファレンス事例データベースを「作り方」という言葉で検索すると、103件あった（2006年1月20日現在）。それらを参照すると、いろいろなものの作り方が尋ねられていることがわかる。質問者も、一般社会人、高齢者、児童、生徒、教員などさまざまである。

ここに収録した事例は、総合的な学習の時間や調べ学習に関連するも

のである。

【注記】
よく尋ねられるテーマに関しては、資料、情報を収集して調べ方マニュアルデータ(パスファインダーを含む)を作っておくとよい。

◆参考情報

【作り方に関するレファレンス事例データ】
わらぞうりの作り方　(香川県立図書館　1000004215)
　http://crd.ndl.go.jp/GENERAL/servlet/detail.reference?id=1000004215
将棋の駒の作り方　(大分県立図書館　1000003866)
　http://crd.ndl.go.jp/GENERAL/servlet/detail.reference?id=1000003866
日本酒「融米酒」の作り方　(西東京市中央図書館　1000025683)
　http://crd.ndl.go.jp/GENERAL/servlet/detail.reference?id=1000025683
竹馬の作り方　(大阪府立中央図書館　1000001758)
　http://crd.ndl.go.jp/GENERAL/servlet/detail.reference?id=1000001758
みこしの作り方　(県立長野図書館　1000025436)
　http://crd.ndl.go.jp/GENERAL/servlet/detail.reference?id=1000025436
しめ縄の作り方　(県立長野図書館　1000025432)
　http://crd.ndl.go.jp/GENERAL/servlet/detail.reference?id=1000025432
郷土食「しょうゆ豆」の作り方　(県立長野図書館　1000025519)
　http://crd.ndl.go.jp/GENERAL/servlet/detail.reference?id=1000025519
標語やキャッチフレーズの作り方　(茨城県立図書館　1000025557)
　http://crd.ndl.go.jp/GENERAL/servlet/detail.reference?id=1000025557
茨城県の郷土料理の作り方　(茨城県立図書館　1000003953)
　http://crd.ndl.go.jp/GENERAL/servlet/detail.reference?id=1000003953
草笛の作り方　(茨城県立図書館　1000025548)
　http://crd.ndl.go.jp/GENERAL/servlet/detail.reference?id=1000025548

2-(4) 学内から寄せられた質問の事例

登録番号　1000025326　(http://crd.ndl.go.jp/GENERAL/servlet/detail.reference?id=1000025326)
[質問]

東出版寧楽社から刊行された『共同研究変動期』井上秀雄の本を探している。所蔵する機関から借りてほしいと依頼があった。

[回答]

『日本文化研究所研究報告第22集』(東北大学日本文化研究施設編)の序に「……東出版寧楽社で『共同研究変動期』として出版することとなった。しかし、おりからの出版業界の不況がたたって、今日まで刊行できないままになっている」(Vページ)との文面あり。
また第23集の跋には各巻のタイトル、執筆者名 / 各論題が掲載されているが、「全6巻……刊行昭和58年(1983)5月、3ヶ月間隔で各巻を順次刊行予定であったが出版できなくなった」(87ページ)と記載されている。

[回答プロセス]

①自館OPAC→NACSIS→国会(一般資料)と検索するが該当する本はない。
②書誌事項を確認するため、自館蔵書のうち関連のありそうな『変動期の東アジアと日本』井上秀雄著 日本書籍 1983年出版物から、奥付にある著者略歴を見る。
③大正13年(1924)生まれ、京都大学卒→大阪工業大学講師・教授→東北大学教授(1983年現在)とわかり、東北大学図書館、京都大学図書館のOPACを検索するが該当なし。
④東出版寧楽社の読み(アズマorヒガシ?)を調べるため出版年鑑にあたる。
　1976年9月創立・従業員3人・住所などがわかるが、1987年には従業員2人になり、2000年の名簿には会社名もない。[アズマ]
⑤著者の年齢から退官しているだろうと考え、紀要類に退官記念号が発行されていれば著作一覧があるはずなので、国会(雑誌記事索引)を検索する。
　著者:井上秀雄、出版者/編者:東北大学、論文名:変動期の結果を参考に自館所蔵の紀要にあたる。

[参考資料]

NDL OPAC
<http://www.ndl.go.jp/jp/data/opac.html>(最終確認日2005年12月5日)
『変動期の東アジアと日本』(井上秀雄著, 日本書籍, 1983)
東北大学図書館OPAC
<http://www.library.tohoku.ac.jp/T-ES/opac/index.html>
京都大学図書館OPAC
<http://kensaku.libnet.kulib.kyoto-u.ac.jp/>
『出版年鑑』(出版ニュース社,2000以前のもの)
『日本文化研究所研究報告 第22集』(東北大学日本文化研究施設編, 1986)
『日本文化研究所研究報告 第23集』(東北大学日本文化研究施設編, 1987)

[提供館]桃山学院大学附属図書館　[公開レベル]一般公開　[事例作成日]2005年5月
[解決/未解決]解決　[調査種別]所蔵調査　[内容種別]　[質問者区分]教員　[NDC]日本史(210:8版)

[キーワード]共同研究変動期　井上秀雄　東出版寧楽社　東北大学　[備考]

◆内容解説

大学図書館のレファレンス担当者に寄せられた学内からの質問の事例である。教員もしくは研究系列の職員からの質問であろう。こうした利用者からの質問は、レベルが高く、また質問内容も明確である。この事例では、出版事情（出版社）との関係で、出版する予定はあったが出版されなかったことにまで踏み込んで回答している。

3 内容別に読む
3.1 特徴的なもの

レファレンス事例データには、現在のレファレンスサービスの特徴があらわれている。第 3 章 1 節では、レファレンス事例データから、レファレンスサービスの特徴と意義がどのように読み取れるかを解説する。

3.1 - （1）郷土に関する質問の事例

登録番号　1000021296　(http://crd.ndl.go.jp/GENERAL/servlet/detail.reference?id=1000021296)

[質問]

奈義町と那岐山の漢字が違うのはなぜか。

[回答]

『勝田郡誌』p.166~167 によれば、豊田、豊並、北吉野の 3 村合併による新町の誕生に先立ち、小中学生から新町名を募集した結果、約 133 種の名称の中で、もっとも多かった「奈義」に決定したという記述があった。『角川日本地名大辞典 33 岡山県』p.815 や『日本地名語源辞典』p.187、『日本地名ルーツ辞典』p.725 によれば、町名は那岐山に由来するとあり、『角川日本地名大辞典』や『日本歴史地名大系 34 岡山県』などによると「ナギ」の山名には、古来、名木、奈義、名義、諾などさまざまな漢字が当てられている。小中学生による新町名の募集結果で「奈義」が多かった背景について書かれた文献は見つからなかったため、町教育委員会に照会したところ、合併当時、中学校の名称として「奈義」の漢字が使われていたこと（大正 14 年に奈義公民学校〔後の奈義青年学校〕として創立。昭和 22 年に「奈義中学校」の名称になった。）、那岐山を越えた鳥取県八頭郡智頭町に「那岐」という地名がすでにあったためであろうという回答であった。

[参考資料]

国政寛『勝田郡誌』勝田郡誌刊行会,1958,734p 図版 7 枚、
「角川日本地名大辞典」編集委員会『角川日本地名大辞典』角川書店, 1989,1814p、
『日本歴史地名大系 34 岡山県の地名』平凡社,1988,1073p、
溝手理太郎『市町村名語源辞典』東京堂出版,283p、
『日本地名ルーツ辞典』創拓社,1992,1078p

[提供館]奈義町立図書館　[公開レベル]一般公開　[事例作成日]2004 年 1 月 28 日
[解決/未解決]解決　[調査種別]事実調査　[内容種別]郷土　[質問者区分]一般　[NDC]日本(291:9 版)

[キーワード]奈義町 那岐山　[備考]M2004070114225112134

◆内容解説

> 郷土、地域に関する質問回答の事例である。公共図書館としては、所蔵資料だけではなく、地域の情報源を幅広く調べることが重要になる。この事例では、基本的なレファレンスツールを調べ、かつ、町の教育委員会に照会している。

参照 ⇒ 「4 - (1) 由来を尋ねる質問の事例」内容解説

3.1 - (2) 地域の生活情報に関する質問の事例

登録番号　1000018487　(http://crd.ndl.go.jp/GENERAL/servlet/detail.reference?id=1000018487)

[質問]
埼玉県内で、楽器の演奏などを録音できる無料の施設を探している。吉川市にあると聞いたことがある。

[回答]
無料の録音施設は見つからなかった。吉川市にある「吉川市民交流センターおあしす」は、高齢者や障害者は無料で使用できる。

[回答プロセス]
埼玉県内の施設を電話、またはWebサイトで確認すると、以下のとおりであった。
浦和青年の家：「施設使用料無料、録音機材なし、防音対策もしていないので不向き。」
吉川市民交流センターおあしす：「部屋代200円、施設利用代200円（1時間）、録音機材あり、高齢者や障害者は無料。」
埼玉県立春日部高校音楽ホール：「1時間あたり4000円程度の光熱費がかかる。録音機材は簡単なものしかない。発表会向きの施設。」
県民活動総合センター：「防音設備、録音機材付き音楽スタジオあり。使用料1日6930円」
無料の録音施設は見つからなかった。有料の録音スタジオはインターネットで検索すると多数あり。

[提供館]埼玉県立久喜図書館　[公開レベル]一般公開　[事例作成日]2002年04月28日
[解決/未解決]解決　[調査種別]事実調査　[内容種別]郷土　[質問者区分]図書館　[NDC]通信工学.電気通信(547：9版)
[キーワード]録音　[備考]

◆内容解説

> 日常生活に関係する質問である。地域の総合案内窓口としての役割を担う公共図書館は、こうした質問に迅速に回答することが求められる。この事例ではインターネット情報源を検索して回答している。インターネットが図書館のレファレンスサービスの可能性を広げたことが窺える。

参照 ⇒ 「5－(2) インターネット情報源を使う事例」内容解説

3.1－(3) 医療・健康情報に関する質問の事例

登録番号　1000025563　(http://crd.ndl.go.jp/GENERAL/servlet/detail.reference?id=1000025563)

[質問]

がん告知について調べている。以下の2点について教えてほしい。
・がん告知に関連する出版物や雑誌記事の検索方法を知りたい。
・大宅壮一文庫のCD-ROM、目録を所蔵しているか。また、その利用方法について教えてほしい。

[回答]

1. 当館所蔵資料（図書）

　検索項目「タイトル」を「癌（ガン・がん）」と「告知」の掛け合わせで検索すると13件、「キーワード（件名）」を「癌」で検索すると270件の検索結果が得られます。それらの資料のうち、がん告知に関連すると思われる資料は以下のとおりです。

　新潟県立図書館ホームページの「資料検索」からも検索できます。

(1) 『「ガン」と告げられたら』（ジョエル・ネイサン著　坂川雅子訳　勁草書房　2000　当館請求記号：N494-N57）

(2) 『告知』（熊沢健一著　マガジンハウス　1999　916-Ku32）

(3) 『がん宣告マニュアル－感動の結論－』（吉村達也著　アミューズブックス　1977　494-Y91）

(4) 『妻よ、お前の癌は告知できない』（上田哲著　講談社　1998　916-Ku36）

(5) 『先生はウソを言った－ガン告知の現場から－』（松岡寿夫著　人間と科学社　1995　494-Ma86）

(6) 『がんの患者学－早期発見・告知・延命治療・ホスピス…もしものために知っておきたい最新常識－』（水野肇著　ごま書房　1994　494-N57）

(7) 『がん告知の扉』（毎日新聞社大阪本社編　毎日新聞社　1994　494-O73）

(8) 『これからの癌告知をどうするか』（笹子三津留編　医薬ジャーナル社　1994　490-Sa75）

(9) 『ガン告知最前線』（小笠原信之著　三一書房　1993　490-O22）

(10) 『ガンを防ぎ治す本－ガンの早期発見と最新治療法・生活の中の予防法・告知・心の問題・医療機関－』(河内卓ほか著　婦人生活社　1993　494－Ka91)
(11) 『真実を伝える－どうガンを告知するか－』(谷田賢俊著　近代文芸社　1993　N490－Ta87)
(12) 『がん告知以降』(李羽倭文子著　岩波書店　1993　494－Ki11)
(13) 『告知してこそガンは治る』(天林常雄著　現代書林　1989　494－Ta35)
(14) 『脳死・臓器移植・がん告知』(波平恵美子著　福武書店　1988　490－N47)
(15) 『ガンを告げる』(加藤一郎著　有斐閣　1988　490－Ka86)
(16) 『ガンを告げる瞬間』(内橋克人著　新潮社　1967　916－U15)

2. 大宅壮一文庫

　『大宅壮一文庫雑誌記事索引』はCD－ROMでも刊行・頒布されておりますが、あいにく当館では所蔵しておりませんので、冊子体の『大宅壮一文庫雑誌記事索引総目録』をご利用いただくことになります。「明治時代－1985」「1985－1987」「1988－1995」というふうに年度順に刊行され、人物編、件名編に分かれています。学術雑誌、専門雑誌ではなく、一般に流通する週刊誌、月刊誌などの大衆的なものを収録対象としています。
　大宅文庫独特の分類法、キーワード名を用いており、「1988―1995　件名編　5」のp1203～1204には「[ガン]知らせるべきか」の項目に94件の記事が紹介されています。

3. 国立国会図書館雑誌記事索引

　　その他の情報収集方法としては、国立国会図書館のホームページで『雑誌記事索引』を利用することができます。こちらは、専門誌、学会誌、研究紀要等を対象としており、論題中の単語、論題名、著者名、雑誌名などから記事を検索することができます。

[提供館]新潟県立図書館　[公開レベル]一般公開　[事例作成日]2001年3月23日
[解決/未解決]解決　[調査種別]文献紹介　[内容種別]一般　[質問者区分]　[NDC]医学(490:9版)
[キーワード]がん告知　[備考]2005/12/12更新－回答時にはCD－ROMを紹介していたが、NDL－OPACの紹介に変更

◆内容解説

> 医療情報を国民に提供することの重要性は、『インターネット等による医療情報に関する検討会報告書』が、「第1章2　インターネットによる医療情報の重要性」において「患者・国民に対する幅広い情報の提供を推進し…、我が国の医療の質の向上と効率化を図ることが重要な課題となっている。」と指摘していることからもわかる。しかも、同報告書の第2章では、インターネットによる医療情報の提供の推

進に関する基本的な考え方や提供方法について、各種の提案を行っている。また、文部科学省の研究会、地域の情報ハブとしての図書館のあり方研究会の報告書『地域の情報ハブとしての図書館 －課題解決型の図書館を目指して－』で、取組課題候補Ⅲとして医療関連情報提供をとりあげて詳細に検討している。

今後、公共図書館において、住民の生活関連情報としての医療情報提供が、積極的に行われることになるだろう。

ここに取り上げた事例は、「がん告知」に関する文献紹介、調べ方の案内に関するものである。事例作成日は、2001年3月23日である。実務で参照するときは新しい資料・情報をフォローするようにしていただきたい。

レファレンス事例データベースで、「医学」に分類されている事例は152件である（2006年1月20日現在）。住民のニーズは高いが、情報提供のあり方など、多くの検討課題がある分野と言える。

◆参考情報

【医療・健康情報のレファレンス事例データ】

診療報酬点数表が出ている資料を紹介して欲しい。（東京都立中央図書館　1000026704）

http://crd.ndl.go.jp/GENERAL/servlet/detail.reference?id=1000026704

東京都内で医療機関(病院)を探しているが、資料を紹介して欲しい。（東京都立中央図書館　1000026719）

http://crd.ndl.go.jp/GENERAL/servlet/detail.reference?id=1000026719

『介護保険施設における栄養ケアマネジメントの実務のために』は所蔵しているか。もし所蔵していないならば、栄養ケアマネジメント関係の資料を所蔵しているか。（福井県立図書館　1000026887）

http://crd.ndl.go.jp/GENERAL/servlet/detail.reference?id=1000026887

「卵巣嚢腫（らんそうのうしゅ）」（嚢胞性腫瘍）の原因や治療と一緒に、カラー写真も載っている本を探しています。（大阪府立中央図書館　1000001753）

http://crd.ndl.go.jp/GENERAL/servlet/detail.reference?id=1000001753

子供がキレることと食事の関係。子供がキレるのは、食生活が関係あると聞いたがそれに関する本が読みたい。（西東京市中央図書館　1000026770）

http://crd.ndl.go.jp/GENERAL/servlet/detail.reference?id=1000026770

"プラダーウィリー症候群"について書かれている資料がみたい。どんな病気か、また症状・治療法のわかるものを。（大阪府立中央図書館　1000001739）

http://crd.ndl.go.jp/GENERAL/servlet/detail.reference?id=1000001739

紅茶キノコの①成分、②効能、について知りたい。（埼玉県立久喜図書館　1000021905）

http://crd.ndl.go.jp/GENERAL/servlet/detail.reference?id=1000021905

【参考文献】

『インターネット等による医療情報に関する検討会報告書』（インターネット等による医療情報に関する検討会　平成14年12月）

http://www.mhlw.go.jp/shingi/2002/12/s1226-7a.html

『地域の情報ハブとしての図書館　－課題解決型の図書館を目指して－』（地域の情報ハブとしての図書館のあり方研究会　平成17年1月）

http://www.mext.go.jp/a_menu/shougai/tosho/houkoku/05091401/012.htm

3.2 主題別

レファレンス事例データからは、取り扱う分野の調べ方の定石、基本資料、留意事項などを読み取ることができる。第3章2節では、主題別にレファレンス事例データを紹介し、調べ方を学ぶ視点を解説する。

3.2-(1) 統計分野の質問の事例

登録番号　1000023699　(http://crd.ndl.go.jp/GENERAL/servlet/detail.reference?id=1000023699)

[質問]

1900年から最近までの公衆電話の台数を知りたい。

[回答]

①『日本長期統計総覧』2巻 p.589 に昭和13～昭和60年までの数字がある。単位：1000
②『電信電話事業史』第4巻 p.172～173 に明治33～昭和32年までの数字がある。単位：1
③『情報メディア白書2001』p.164 に昭和60～平成11年までの数字がある。単位：100

[回答プロセス]

『機械統計年報』では電話機の項目はあるが、公衆電話としての情報は得られなかった。『情報通信白書』平成14年版 p.161 に平成元～平成13年まで「施設数」としての情報はあるが、電話の台数と同じかどうかはわからない。

[事前調査事項]

利用者の手持ち資料により公衆電話は1900年「自働電話」として設置されたことがわかっている。

[参考資料]

日本長期統計総覧 / 日本統計協会編集 ; 第2巻. -- 日本統計協会, 1988 (R*351*N6*2)

電信電話事業史 / 日本電信電話公社電信電話事業史編集委員会編 ; 第4. -- 電気通信協会, 1960 (*694.21*N1*1-4)

情報メディア白書 / 電通総研編 ; 2001. -- 電通, 2001 (N8*007.3*26*2001)

統計情報インデックス 2002 日本統計協会 (R*350.31*S1-2*2002)

特集 IT活用型社会の胎動(情報通信白書 平成14年版) / 総務省編 ぎょうせい 2002 (R*692.1*Y1/4*2002)

[提供館]関西大学図書館　[公開レベル]一般公開　[事例作成日]2003年6月2日

[解決/未解決]解決　[調査種別]事実調査　[内容種別]　[質問者区分]学生　[NDC]電気通信事業（694：8版）
[キーワード]電話　公衆電話　自働電話　統計　[備考]調査03B-19。単位にばらつきがあることを質問者に説明した。

◆内容解説

> 「長期統計」に関する質問の事例である。1900年以降と対象となる期間が長いことから、基本ツールである『日本長期統計総覧』を使用している。また、「最近まで」とあるので、『統計情報インデックス』及び専門分野の統計が掲載されている『情報メディア白書』を調べている。統計は基本ツールが比較的絞られているので、それらを確実に使う必要がある。これはそのよい例である。
> なお、「Mikami's Virtual Class Website」のサイトの中に「日本長期統計：通信メディア関係」があり、電話加入者数の数値に関して、1890年以降1979年までと、1987年から1996年までとが示されている。

◆参考情報

> 「日本長期統計：通信メディア関係」（「Mikami's Virtual Class Website」長岡科学技術大学　三上喜貴教授作成）
> http://kjs.nagaokaut.ac.jp/mikami/MIS/historic-comm.xls

3.2-（2）工学分野の質問の事例

登録番号　1000024806　(http://crd.ndl.go.jp/GENERAL/servlet/detail.reference?id=1000024806)

[質問]
日本電気協会が制定した「原子力発電所における安全のための品質保証規程（JEAC 4111-2003）」を見たい。

[回答]
お探しの資料の書誌データは、以下のとおり。
「原子力発電所における安全のための品質保証規程」JEAC4111-2003　電気技術規程　原子力編　日本電気協会　日本電気協会（オーム社）2003／11　30cm　43p　3150円
発行者の日本電気協会で入手可能のようだったので、その旨利用者に紹介した。

[回答プロセス]
1　紀伊国屋書店HPなどで購入できるかどうかを調査。→入手不可と出た。
2　インターネットサイトで検索をかけるが、「原子力発電所における安全のための品質保証

規程」についての意見等の記事はあったが、規程そのものはヒットしなかった。
3 　日本電気協会のホームページ http://www.denki.or.jp/（2006年1月12日確認）出版物の紹介でみると、購入可能とわかる。利用者にその旨伝える。
4 　ゆにかねっとで検索した結果、国立国会図書館、東京都立中央図書館で所蔵しているとわかった。

【以下、レファレンス協同データベース用追跡調査の結果】
5 　自館所蔵原子力関係図書を見る。掲載されている資料はなかった。
　　×　原子力年鑑　2005
　　×　原子力実務六法　2004年版
　　×　電気設備技術基準・解釈　2004年版
　　×　電気設備の技術基準とその解釈　平成16年3月改正
　　×　原子力市民年鑑　2004
　　×　電気年鑑　2004年版、2005年版

[提供館]福井県立図書館　[公開レベル]一般公開　[事例作成日]2005年06月11日
[解決/未解決]解決　[調査種別]所蔵調査　[内容種別]言葉　[質問者区分]社会人　[NDC]電気工学(54:)
[キーワード]原子力発電所　品質保証規程　[備考]利用者は急いでいたので、当館に所蔵がないなら不要とのことだった。

◆内容解説

> 工学の中の電気工学、原子力発電所に関する質問である。また、日本電気協会という公益法人、業界団体が定めた「規程」を入手したいという点で、特徴的な事例である。公益法人、業界団体が定めた「規程」「基準」には各種のものがあるが、探しにくいもののひとつだからである。この事例の場合、「規程」が専門出版社のオーム社から刊行されている。
> なお、この事例は、やや中途半端な印象があるが、「備考」にあるように、「利用者は急いでいたので、当館に所蔵がないなら不要とのことだった」と利用者の要望にそった結果である。レファレンス事例データベースには、こうした現場で実際に利用者との応答の中で記録されたものが収録されている。レファレンス質問、回答の実情がよく理解できる。と同時に限界もある。それは、利用者のニーズとの関係で調査が途中で打ち切られたりする。それが収録されている。これはレファレンス事例データベースの限界でもある。
> こうした長所、限界を踏まえ利用することで、本データベースは、よ

> りよく活用されることになろう。
>
> 【注記】
> NDL-OPAC、Webcat、国立国会図書館総合目録ネットワークで検索したところ、国立国会図書館と東京都立中央図書館しか、当該資料を所蔵していなかった（2005年12月23日、「原子力発電所における安全のための品質保証規程」という言葉で検索）。大学図書館が所蔵していないというのが意外であった。こうした専門的な資料ほど、大学図書館が所蔵しておいてもらいたい。

3.2-(3) 法律分野の質問の事例

登録番号　1000004265　(http://crd.ndl.go.jp/GENERAL/servlet/detail.reference?id=1000004265)

[質問]

最高裁判所民事判例集 11 巻 13 号 2302 頁で引用されている、大審院大正 12 年(オ)176 号、同昭和 15 年(民上 52 号)二つの判例が知りたい。

[回答]

大審院大正 12 年(オ)176 号は、貸金請求事件/裁判年月日/大正 12 年 8 月 2 日/大審院/第二民事部/大審院大正 12 年(オ)176 号

同昭和 15 年(民上)52 号は、

昭和 14 年(オ)625 号　昭和 15 年 3 月 13 日民事連合部判決

[回答プロセス]

1. 判例体系 CD-ROM で元の判例を検索し、裁判年月日：昭和 32 年 12 月 19 日最高裁第一小法廷
   事件番号：昭和 31 年オ 223 号　約束手形請求上告事件の内容を調べる。
2. 判例体系で大正 12 年(オ)176 号を検索
   貸金請求事件　裁判年月日/大正 12 年 8 月 2 日/大審院/第二民事部/大審院大正 12 年(オ)176 号と判明。
3. 同昭和 15 年(民上)52 号
   判例体系で 昭和 15 年(オ)52 号で検索したが、ノーヒット
   大審院民事判例集 昭和 15 年(Vol.19)上巻 民事法條索引で 52 号を探したが 52 号は存在せず。
   民事事件番号索引で 52 号を探したが存在せず。
   民事事件番号索引で「貸金請求事件」を探したら、9 件あった。
   9 件の中から、昭和 14 年(オ)625 号　昭和 15 年 3 月 13 日民事連合部判決　が該当判

例ということが判った。
4. 52号という記載は625号の誤植ということが判明した。

[参考資料]

最高裁判所民事判例集/最高裁判所判例調査会 （AN00011886）（判例体系CD-ROM/第一法規）

大審院民事判例集/法曹会 （BA36788166）

[提供館]名城大学附属図書館 [公開レベル]一般公開 [事例作成日]2004年06月02日
[解決/未解決]解決 [調査種別]事実調査 [内容種別]法律 [質問者区分]学生 [NDC]法律（320:9版）
[キーワード]賃金請求事件 日民事連合部判決 [備考]

◆内容解説

> 法律・判例に関する質問のうち、古い判例に関するものを取り上げた。戦後の判決に引用されている戦前の判例を調べるというものである。判例については、『六法全書』などで、条文に付して示されている判例の原文を読みたいという質問が少なくない。2005年12月現在、最高裁判所、高等裁判所発行の判例集に掲載されたものはすべてデータベース化され、インターネットで検索できるようになった（以前は昭和46年以降など時期が明記されていたが、なくなった）。下級裁判所の主要判決は、平成14年3月以降である。
> 法律に関しては、インターネットで検索できる範囲が広がったので、市町村立図書館でもかなりの程度対応できるようになった。ちなみに、現行法規は「法令データ提供システム」で検索できる。法に基づく基準類も検索、閲覧可能となっている。
> 法律・判例の探し方は、ぜひ調べ方マニュアルのデータベースも参照してほしい。

◆参考情報

> 【法律・判例の探し方に関する調べ方マニュアルデータ】
> 調べ方の近道案内 3 判例を調べるには （福岡県立図書館 2000000151）
>   http://crd.ndl.go.jp/GENERAL/servlet/detail.manual?id=2000000151
> 調べ方の近道案内 8 法令条文の探し方 （福岡県立図書館 2000000156）
>   http://crd.ndl.go.jp/GENERAL/servlet/detail.manual?id=2000000156

> 図書館調査ガイド　法令のしらべ方　（大阪府立中之島図書館 2000000201）
> http://crd.ndl.go.jp/GENERAL/servlet/detail.manual?id=2000000201
>
> 図書館調査ガイド　判例を調べる　（大阪府立中之島図書館 2000000344）
> http://crd.ndl.go.jp/GENERAL/servlet/detail.manual?id=2000000344
>
> 【ウェブサイト】
> 法令データ提供システム
> http://law.e-gov.go.jp/cgi-bin/idxsearch.cgi
>
> 国立国会図書館議会官庁資料室　国/地域別資料紹介　（日本の資料紹介＞法令資料）
> http://www.ndl.go.jp/horei_jp/Countries/kunibetsu-top.htm
>
> 最高裁判所（裁判例情報）
> http://courtdomino2.courts.go.jp/home.nsf

3.2-(4) 和歌・俳句分野の質問の事例

登録番号　1000023934　（http://crd.ndl.go.jp/GENERAL/servlet/detail.reference?id=1000023934）

[質問]

「世の中は三日見ぬまの桜かな」
俳句でしょうか、また、誰の、いつ頃の句でしょうか。

[回答]

世の中は三日見ぬ間に桜かな
「近世俳句大索引」に「蓼太」の句とあります。
「蓼太」は、本名　大島平助。俳諧師。
別号　蓼太郎、雪中庵
享保3年(1718)～天明7年(1787)
信州(長野県)伊那の生まれ、江戸の雪中庵二世吏登に師事し、のちに雪中庵を襲号する。江戸座一派に対抗して「続五色墨」を結成。雪門を拡張し、芭蕉顕彰事業につとめた。「雪嵐」「附合小鏡」「芭蕉句解」など編著は多い。句集に「蓼太句集」がある。
中村俊定(『俳句講座』3)によれば、この句は寛保2年(1742)25歳の時の作という。
《句解》三日ほど家にこもりきって、久方ぶりに外に出てみると、世の中はすっかり桜の花盛りになっていたことよ。

[参考資料]

新編　俳句の解釈と鑑賞辞典
編者　尾形　仂
有限会社　笠間書院

[提供館]白山市立鶴来図書館　[公開レベル]一般公開　[事例作成日]2004年08月17日
[解決/未解決]解決　[調査種別]書誌的事項調査　[内容種別]言葉　[質問者区分]社会人　[NDC]詩歌（911:）
[キーワード]蓼太　俳句　[備考]

◆内容解説

> 和歌・俳句に関する質問の事例である。この事例では、俳句の作者、作成時期が尋ねられている。俳句・和歌には、調査のための基本ツールとして句から検索できる「索引」が作られている。これは、そのひとつを使って調べた事例である。
> インターネット情報源が充実してくるにつれて、Yahoo!Japan、Googleなどの総合的検索エンジンで検索すると、ある程度のことがわかるようになってきている。
> この例でも、Yahoo!Japanでテキストボックスに「世の中は三日見ぬ」まで入力して検索すると、次のようなページがヒットする。
> --
> 世の中は三日見ぬ間の桜かな　雪中庵蓼太
> この句は「世の中は三日見ぬ間の桜かな」と一般に膾炙される元句である。雪中庵蓼太（1718～87）は、芭蕉の高弟、服部嵐雪（1654～1707）門下の人、嵐雪の通称号、雪中庵を継ぐ。句は明和六年（1769）刊行の「蓼太句集」に見えるという。
> 　場所：東京都品川区東大井3－13－1　来福寺
> 　京浜急行立会川駅を北側に下車、第一京浜国道を品川が方面に徒歩十分足らず。更に鮫洲駅方面に進むと、芭蕉縁の泊船寺に至る。
> 「条木俳太郎文庫」(http://homepage2.nifty.com/urisaka/setyuan.htm)
> --
> こうした方法で検索して判明しても、図書館としては印刷物で確認をして利用者に提供するようにしたい。

3.3 資料の種類別

レファレンス事例データからは、取り扱う資料の種類ごとに、調べ方の定石、基本資料、留意事項を読み取ることができる。第3章3節では、資料の種類別にレファレンス事例データを紹介し、調べ方を学ぶ視点を解説する。

3.3-(1) 翻訳資料に関する質問の事例

登録番号 1000011566　(http://crd.ndl.go.jp/GENERAL/servlet/detail.reference?id=1000011566)

[質問]

マリア・テレジアとマリー・アントワネットの往復書簡の邦訳が出ているか。

[回答]

書簡集全体の日本語訳は出ていない。

[回答プロセス]

(1) 邦訳本の有無を、質問者の持つ原著(ドイツ語)情報からと、他言語版の可能性も考えキーワードになる人名を用いて、NACSIS-CAT, NDL, BOOKPLUS 等で検索するが該当するものはない。

(2) 『翻訳図書目録』および "Index Translatinum" で検索するが該当なし。このドイツ語版は他の言語にも翻訳されていないもよう。

(3) 部分訳で何かに所収されたり紹介されたものがあるか？
　①BOOKPLUS を検索すると、2人を題材にした伝記、研究書、読み物は数多く出るが、内容に書簡を含むかどうか一覧ではわからず。
　②当館所蔵本を見る。→シュテファン・ツヴァイク著の邦訳『マリーア・アントワネット I, II』(みすず書房、1962)には、書簡そのものは出てこない。NDC分類234.6(オーストリアの歴史)の中、『ハプスブルク帝国の近代化とヨーゼフ主義』(丹後杏一著、1997)にマリア・テレジアがマリー・アントワネットへ宛てた手紙の一つが紹介されているが、Maria Theresia に関する英語とドイツ語の研究書から訳出したものらしい。その他何冊かの図書でこの2人の往復書簡について言及している文章あり。

(4) 人物情報から、『伝記・評伝全情報、西洋編』『世界伝記大事典』『年刊人物文献目録』『人物文献目録』を見るが、書簡の訳本の記述はなし。『年刊人物文献目録』'86年版で「マリー・アントワネットとマリーア・テレージアの往復書簡」(井上修一)『学燈』83(12)昭61.12 の記事があることがわかる。→参考資料を参照。

(5) 関連の主題事典、『フランス革命事典』(1995年刊、原著1988年刊)のマリー=アント

ワネットの項に参考文献として6点の書簡集（いずれもフランス語のもの）が掲載されている。

[事前調査事項]
質問者の手元に "Maria Theresia : Geheimer Briefwechsel mit Marie Antoinette" hrsg. von Paul Christoph / Wien ; Munchen : Amalthea, c1980 （ドイツ語）がある。かつて（戦前）フランス語で書簡集が刊行されたこともある。

[参考資料]
「マリー・アントワネットとマリーア・テレージアの往復書簡」（井上修一）『学燈』83(12)昭 61.12の記事。これによると、往復書簡には真贋論争があれど大部分がウイーンの国立文書館に保存されており、それを基に 1864 年以降何度か書簡集が編集刊行されている。そのいずれもが完全版かどうかの疑問を引きずっている。1980 年に決定版と銘打ち刊行された、オーストリア史家、パウル・クリストフによる『往復書簡集』が最新のものであるという。これが質問者の手にある本に当たる。

[提供館]公立大学法人横浜市立大学学術情報センター　[公開レベル]一般公開　[事例作成日]2001 年 05 月 01 日
[解決/未解決]解決　[調査種別]書誌的事項調査　[内容種別]人物　[質問者区分]教員　[NDC]系譜. 家史. 皇室（288：8 版）
[キーワード]マリア・テレジア（テレージア）　マリー（マリ）・アントワネット　Maria Theresia　Marie Antoinette　[備考]その後 2002 年 9 月に、『マリー・アントワネットとマリア・テレジア秘密の往復書簡』[マリー・アントワネット、マリア・テレジア著]；パウル・クリストフ編；藤川芳朗訳（岩波書店、2002. 9）が刊行された。

◆内容解説

翻訳書に関する質問も多い。レファレンス事例データベースを「翻訳」という言葉で検索すると 160 件がヒットする（2006 年 1 月 20 日現在）。
ここに取り上げた事例では、翻訳図書についてのレファレンスツールをかなり網羅的に調べているので、大いに参考になる。
備考にあるように、2002 年 9 月に、『マリー・アントワネットとマリア・テレジア秘密の往復書簡』（パウル・クリストフ編、藤川芳朗訳 岩波書店）が刊行されている.。事例作成日が 2001 年 5 月なので、「書簡集全体の日本語訳は出ていない」という回答になっている。本データベースを参照する場合、回答、回答プロセス、事前調査事項、参考資料にとどまらず、備考まで見ていただきたい事例でもある。また他の事例の場合でも、念のため最近の情報も確認する必要があることを教えてくれる事例でもある。

> なお、翻訳書の調べ方については、調べ方マニュアルデータも参照されたい。
>
> 参照 ⇒ 「2-(4) 学内から寄せられた質問の事例」内容解説

◆参考情報

> 【翻訳書の調べ方に関する調べ方マニュアルデータ】
> 翻訳図書（邦訳）　（国立国会図書館（National Diet Library）2000000620）
> http://crd.ndl.go.jp/GENERAL/servlet/detail.manual?id=2000000620

3.3-(2) 特別コレクションに関する質問の事例

登録番号　1000011681　(http://crd.ndl.go.jp/GENERAL/servlet/detail.reference?id=1000011681)

[質問]

徳富蘆花の「天の愛子（あまのまなご）」という作品を探している。

[回答]

　橋本暢夫著『中等学校国語科教材史研究』の第2章「蘆花作品の教科書別採録状況2　女学校用読本」p.136-145 によれば、昭和前期の女学校の教科書3点に「天の愛子」というタイトルで蘆花作品が採録されていて、「日本に生れた事を‥」で始まり「‥天の愛子の座に就く」で終わる文章です。出典は『太平洋を中にして』（『蘆花全集 第11巻』に採録）という作品中の「日本」と題された章にあたります。

　インターネットの「広島大学図書館所蔵教科書コレクション」のページ http://cross.lib.hiroshima-u.ac.jp/ で、教科書名で検索していただくと、『女子新国語読本 巻一 / 澤潟久孝, 木枝増一共編, 訂正再版』の目次の画像で「天の愛子」(p.24-)のタイトルを確認することができます。

[回答プロセス]

1. 『近代文学研究叢書 28 徳富蘆花ほか』『蘆花全集』で探してみたが「天の愛子」という作品は見つからなかった。

2. 質問者に問い合わせたら「昭和20年頃の女学校の国語の教科書に載っていた。」ということだった。
『旧制中等教育国語科教科書内容索引 / 田坂文穂編』で探したが、見つからなかった。

3. Googleで「教科書　蘆花　女学校」というキーワードで検索してみたら、橋本暢夫著『中等

学校国語科教材史研究』という図書の目次情報に「蘆花作品の教科書別採録状況2 女学校用読本」があることがわかった。

この図書を所蔵している図書館に照会したところ、『新制女子国語読本 巻一』、『現代女子国語読本 巻二』等、3つの教科書に蘆花作品が「天の愛子」というタイトルで採録されていることと出典が判明した。

4. 教科書コレクションをデータベース化、表紙・目次の画像を公開している「広島大学図書館所蔵教科書コレクション」のホームページで教科書名で検索、『女子新国語読本 巻一／澤潟久孝,木枝増一共編,訂正再版』の目次の画像で「天の愛子」のタイトルを確認した。

[参考資料]

昭和女子大学近代文学研究室編:「近代文学研究叢書 第28巻 徳富蘆花ほか」,昭和女子大学,1968

田坂文穂編:「旧制中等教育国語科教科書内容索引」,教科書研究センター,1984

橋本暢夫:「中等学校国語科教材史研究」,溪水社,2002

徳冨健次郎:「蘆花全集」,蘆花全集刊行会,1928-1930

広島大学図書館所蔵教科書コレクション／広島大学図書館
http://cross.lib.hiroshima-u.ac.jp／[last access 2004/11/08]

[提供館] 京都大学附属図書館　[公開レベル] 一般公開　[事例作成日] 2004年10月08日
[解決/未解決] 解決　[調査種別] 書誌的事項調査　[内容種別]　[質問者区分] 卒業生　[NDC] 日本文学(910:9版)
[キーワード] 徳富蘆花　教科書　女学校　[備考]

◆内容解説

教科書に関する質問の事例である。特別コレクションとしての「教科書コレクション」のデジタルアーカイブのページで最終的に確認している。

「広島大学図書館所蔵教科書コレクション」は、資料をデジタル化して、一部(目次など)を閲覧できるようにしている。このコレクションに収録されている「女子新国語読本巻一」にたどりついた経過が書かれていないのでよくわからないが、相当に時間がかかったのではないかと思われる。

ちなみに「広島大学図書館所蔵教科書コレクション」は、国立国会図書館作成「Dnavi」、東京大学附属図書館作成「インターネット学術情報インデックス」に収録されている。ただし、「Dnavi」の一覧表示には何の説明もなく、「インターネット学術情報インデックス」の

> 方はデジタル化されているという意味の説明があるが、一覧を見ただけでは両方とも内容がよくわからない。その意味でも、レファレンス担当者は、両者に収録されているデータベースを検討して、検索方法や、レファレンス質問・回答調査での活用方法もイメージできるようにしておく必要がある。
> なお、東京書籍運営「教科書の図書館東書文庫」では、明治以降の所蔵資料については目次作品名、目次著者名でも検索ができるが、この事例については、該当の教科書を所蔵していない。また、事例1-(3)で紹介されている「(財)教科書研究センター附属教科書図書館」でも検索できない。

参照 ⇒ 「5-(2) インターネット情報源を使う事例」内容解説

◆参考情報

> 【ウェブサイト】
> Dnavi　国立国会図書館
> 　http://dnavi.ndl.go.jp
> インターネット学術情報インデックス　東京大学附属図書館
> 　http://resource.lib.u-tokyo.ac.jp/iri/url_search.cgi
> 教科書の図書館東書文庫　東京書籍
> 　http://www.tosho-bunko.jp/

3.3-(3) 映像に関する質問の事例

登録番号　1000019632　(http://crd.ndl.go.jp/GENERAL/servlet/detail.reference?id=1000019632)

[質問]

昭和25年10月8日に生出村(現仙台市太白区生出)で行われた運動会の様子がニュースで全国に放映された。その映像を見たい。

[回答]

該当のニュースは昭和25年10月17日、映画館で上映されていたニュース映画「秋晴れ」の一部。
ニュース映画の一覧は日本映画新社のホームページで公開している。
昭和15～29年のニュース映画はNHKに権利が譲渡されているが、一般の個人は川崎市市民ミュージアムで映像を見ることができる。

[回答プロセス]

昭和25年当時はテレビ放送が始まっていないため、ニュースといっても映画館で上映されたいたニュース映画と考える。

『戦時期日本のメディア・イベント』よりニュース映画を製作していたのは「社団法人日本ニュース映画社」。(昭和25年当時は「日本映画社」、現在は「株式会社日本映画新社」)

日本映画新社のHPに日本ニュース(ニュース映画)の一覧があり、上映年、月日、項目(タイトル)、撮影地より該当の映像は昭和25年10月17日上映の「秋晴れ」と思われる。昭和15～29年のニュース映画はNHKに権利が譲渡されているため、問合せ先として紹介されていたNHKサービスセンター放送素材部に内容を確認してもらった。「秋晴れ」は生出村の運動会のほか、栃木と山形の映像も含めて1分30秒とのこと。

[参考資料]
『戦時期日本のメディア・イベント』(津金沢聡広　世界思想社　1998)

[照会先]
NHKサービスセンター放送素材部
川崎市市民ミュージアム

[提供館]宮城県図書館　[公開レベル]一般公開　[事例作成日]2005年02月12日
[解決/未解決]解決　[調査種別]所蔵機関調査　[内容種別]郷土　[質問者区分]社会人　[NDC]映画(778:9版)
[キーワード]ニュース映画　日本ニュース　[備考]NHKサービスセンターでは映像製作会社にはニュース映像の貸出を行っている。一般の個人の場合は川崎市市民ミュージアムで昭和15～29年までのニュースを見ることができる。

◆内容解説

> 地域の映像に関する質問で、公共図書館としては確実に回答できるようにしたいもののひとつである。
>
> 調べ方に関しては、昭和25年10月の時点でテレビではなくニュース映画であることを調べて確認し、資料『戦時期日本のメディア・イベント』から当時のニュース映画製作会社を特定した上で、インターネットで調べている。しかも、最終的に現物が閲覧できるところまで丁寧に案内している。
>
> 【注記】
> 監修者もニュース映画製作会社のホームページを表示させて探してみたが、最初は該当のデータをうまく表示させることはできなかった。こうした体験は少なくない。日頃から、サイト、ページだけでなく、そのサイト、ページから得られる情報の内容、範囲、検索方法をチェックしておくようにしたい。

参照　⇒　「3.1 - (1) 郷土に関する質問の事例」内容解説

3.3-(4) 画像に関する質問の事例

登録番号 1000021624　(http://crd.ndl.go.jp/GENERAL/servlet/detail.reference?id=1000021624)

[質問]

化け猫の絵・浮世絵はないか。化け猫が油(鰯油)をなめている図がよいが、なければ化け猫そのものの図でもよい。

[回答]

資料2～6に化け猫の図はあったが、化け猫が油をなめている図は見つからなかった。

資料1：　「化猫図」の項より、資料2に導かれる。

資料2：　図版219(布団の上に大きな化け猫が載っている図)、図版220(障子に化け猫の影が写っている図)あり。カラー。
　　　　都立DBを検索して、妖怪・怪談、猫に関する資料の中から、図版のありそうなものを選び調査した。(資料3～6)

資料3：　p.40に「古猫の怪(歌川豊国、3代)」、「東海道岡部宿猫石由来之図(歌川国輝)」あり。カラー。

資料4：　p.5 図版5「五十三次之内岡崎の場(歌川国芳)」はカラー、p.14 図版68「猫又年をへて古寺に怪をなす図(歌川国芳)」は白黒。

資料5：　「猫又の怪(歌川国芳)」、「昔語岡崎猫石妖怪(歌川豊国、3代)」は白黒。

資料6：　「怨恨怪異の猫姿」の章に、「赤ん坊をたべる化猫」、「化猫」等の白黒の図版あり。

妖怪の図を描きそうなのは、国芳、芳年あたりかと、作品集を調査するが、見つからず。妖怪の絵草子(資料7～9)にもなし。

その他、民俗学分野の妖怪関係の資料にも、化け猫が油(鰯油)をなめている図はなかった。

[参考資料]

【資料1】　日本美術作品レファレンス事典　絵画篇 浮世絵 / 日外アソシエーツ株式会社‖編集 / 日外アソシエーツ, 1993.4　R/7203/3002/2

【資料2】　ヴィクトリア・アルバート博物館　2 / 楢崎宗重‖編著 / 講談社, 1989.6 (秘蔵浮世絵大観　5)　D/7218/3003/5

【資料3】　もののけ：描かれた妖怪たち / 富岡市立美術博物館・福沢一郎記念美術館‖編集 / 富岡市立美術博物館・福沢一郎記念美術館, 1997.10　D/7210/3107/97

【資料4】　浮世絵に描かれた犬と猫：特別展 / [太田記念美術館‖編] / 浮世絵太田記念美術館, 1997.11　D/7218/3238/97

【資料5】　浮世絵魑魅魍魎の世界：江戸の劇画・魔界霊界の主人公たち / 中右瑛‖著 /

里文出版, 1987.8 /7218/278/87

【資料6】 猫物語 / 粕三平‖編 / すばる書房, 1977 (すばるの絵文庫) /7218/108/1

【資料7】 大江戸怪奇画帖：完本・怪奇草双紙画譜 / 尾崎久弥‖編著 / 国書刊行会, 2001.5 /913.57/5006/2001

【資料8】 百鬼繚乱：江戸怪談・妖怪絵本集成 / 近藤瑞木‖編 / 国書刊行会, 2002.7 /913.57/5008/2002

【資料9】 江戸化物草紙 / アダム・カバット‖校注・編 / 小学館, 1999.2 /J357/3019/99

[提供館]東京都立中央図書館　[公開レベル]一般公開　[事例作成日]2004年01月29日
[解決/未解決]未解決　[調査種別]文献紹介　[内容種別]　[質問者区分]社会人　[NDC]風俗習慣.民俗学.民族学(380:9版)
[キーワード]　[備考]東京都立図書館の貴重画像データベースの中に、役者絵だが、化け猫に扮した錦絵がある(「老女二尾 実ハ西ノ尾の古猫 尾上菊五郎」「東海道五十三次之内 猫塚 白須賀」等)。

◆内容解説

> 浮世絵の図を探しているという質問で、未解決事例であるが、関連するレファレンスブック、一般資料を丁寧に調べている。
> 未解決の場合は、質問者に、調べた過程、利用したレファレンスツールを示して、この範囲まで調べて分からなかったと説明する必要がある。これは調査の引継ぎをしたり，他館に協力を依頼したりするするときにも必要なことである。それゆえ、レファレンス質問に基づいて検索する際には、調査過程をメモしながら行う必要がある。

参照 ⇒ 「5-(8) 未解決事例に学ぶ事例」内容解説

3.3-(5) 楽譜に関する質問の事例

登録番号　1000023838　(http://crd.ndl.go.jp/GENERAL/servlet/detail.reference?id=1000023838)

[質問]
『東京市の歌』の楽譜を探している。昭和17年から18年頃の音楽の教科書に載っていた。

[回答]
『山田耕作全集7 国民歌謡曲集』(山田耕作　春秋社　1931)と『東京市政概要 昭和10年版』(東京市　1935)にあり。
その後の調べで『東京のうた』(朝日新聞社　1968)にも歌詞と楽譜があることが判明した。

[回答プロセス]

教科書に載っていたということで『日本教科書体系　近代編』(海後宗臣　講談社)を見るが載っていない。

インターネットで検索確認。『東京市歌(東京市民歌)』があり、この歌のこと。作詞：高田耕甫　作曲：山田耕筰と判明。
『山田耕筰作品資料目録』(遠山音楽財団付属図書館　1984)の p424 に『山田耕作全集7 国民歌謡曲集』(山田耕作　春秋社　1930)に楽譜が載っているとあり。ゆにかねっとで検索すると4館で所蔵。

『東京百年史　第4巻』(東京都百年史編集委員会　東京都　1972)には歌詞のみあり。(p87)

東京都立図書館に『山田耕筰全集7歌曲』(第一法規　1966)があったので取り寄せてみたが、これには載っていなかった。
国会図書館に確認したところ、春秋社の全集にはやはり楽譜が載っているとのこと。他県立図書館から取り寄せて貸出。

レファレンス協同データベースで検索したところ、都立図書館の事例(登録番号：1000013597)により『東京市政概要昭和 10 年版』にも楽譜があることが判明した。都立図書館より取り寄せ。

[参考資料]

『山田耕筰作品資料目録』(遠山音楽財団付属図書館　1984)
『山田耕作全集7　国民歌謡曲集』(山田耕作　春秋社　1931)
『東京市政概要　昭和10年版』(東京市　1935)

[提供館]町田市立中央図書館　[公開レベル]一般公開　[事例作成日]2005 年 08 月 23 日
[解決/未解決]解決　[調査種別]文献紹介　[内容種別]郷土　[質問者区分]社会人　[NDC]芸術.美術(7:8 版)
[キーワード]東京市歌　東京市民歌　[備考]

◆内容解説

> 楽譜に関する調査は、インターネット情報源が使えるようになって、範囲がずいぶん広がった。しかし、それでも検索できない範囲が依然としてある。
> 事例は、地域に関するもので、東京都町田市立中央図書館が受けつけ

> たものである。
> レファレンス事例データベースには関連したものが、2004年12月に東京都立中央図書館の事例として登録されている。これを手がかりにすれば、求める楽譜に、より早くたどりつくことも可能であったと思われる。
>
> 【注記】
> 監修者は東京都立中央図書館東京室に勤務していた時に、同じ質問を受けたことがあり、『東京市政概要』昭和10年版を提供した覚えがある。

参照 ⇒ 「5-（3）レファレンス事例データを使う事例」内容解説

◆参考資料

> 【レファレンス事例データ】
> 「東京市歌」の歌詞が掲載された資料はないか。（東京都立図書館 1000013597）
> http://crd.ndl.go.jp/GENERAL/servlet/detail.reference?id=1000013597
>
> 【ウェブサイト】
> 「楽譜ネット」GAKUFU NET 作成
> http://www.gakufu.ne.jp/GakufuNet/

3.3-（6）新聞に関する質問の事例

登録番号 1000023746 （http://crd.ndl.go.jp/GENERAL/servlet/detail.reference?id=1000023746）

[質問]
戦後初めて秋田の学校へ「御真影」「下賜」が実現したことと文部省の対応について書かれた新聞記事が読みたい

[回答]
1952年7月18日、朝日新聞朝刊3面に「天皇陛下の『お写真』終戦後初めて秋田の学校へ下付」「"扱いは慎重に"文部次官談」という記事が掲載されている。

[回答プロセス]
1. 「朝日新聞戦後見出しデータベース[CD・ROM]」で『御真影』『下賜』など利用者と確認したキーワードで検索するが、ヒットしない。

2. 「朝日新聞記事総覧:昭和編8(昭和26年1月～昭和27年12月)」記事索引の「文化＞教育」「社会＞皇室」の項目を昭和27年1月から順に調査したところ、昭和27年7月の「社会＞皇室」の項目に「天皇陛下の『お写真』終戦後初めて秋田の学校へ下付」一二九5、「"扱いは慎重に"文部次官談」一二九5という索引を確認し、該当する当館所蔵の縮刷版で記事の掲載を確認した。

[事前調査事項]

質問の根拠との「学校行事を見直す / 佐藤秀夫編」(日本の教育課題 / 佐藤秀夫, 寺崎昌男編集代表 ; 5//a) 東京法令出版 2002.12 p.109 を依頼者とともに再確認。論文中には「1952(昭和27)年」「御真影」「下賜」とのキーワードは明記されているが固有の紙名は明記されていなかった。下賜されたとされる学校には依頼者から書簡で問い合わせたが、該当校からは「事実なし」との回答があったとのこと。

[参考資料]

『朝日新聞戦後見出しデータベース[CD-ROM]』
『朝日新聞記事総覧:昭和編8(昭和26年1月～昭和27年12月)』(ZZ:5)

[提供館]一橋大学附属図書館　[公開レベル]一般公開　[事例作成日]2005年09月02日
[解決/未解決]解決　[調査種別]書誌的事項調査　[内容種別]　[質問者区分]学生　[NDC]教育政策. 教育制度. 教育行財政(373:9版)
[キーワード]天皇陛下　御真影　下賜　[備考]

◆内容解説

> 過去の新聞記事を探す事例である。
> 質問した利用者は、自分ですでにかなりの程度調べており、その結果わからないので、図書館に問いあわせたものである。
> 過去の新聞記事を探す場合、CD-ROM、新聞縮刷版、新聞記事集成類、新聞記事見出し一覧等を順次調べることになる。その場合、時期が特定できないと難しい。事例では、利用者と資料に確認して、年を確定してから調べはじめている。

◆参考情報

> 過去の雑誌記事を探す事例としてレファレンス事例データベースの中の次の2つも参照してもらいたい。ともに、利用者が図書館職員に伝えた情報の一部に誤りがあったが、適切な書誌的事項を探し出したという事例である。図書館の力量がためされている事例ともいえよう。

小繋事件（こつなぎじけん）について、昭和22～24年頃、木原啓吉記者が『週刊朝日』に書いた記事がみたい。「ニューストピックス」という欄に2回掲載されたようだ。（東京都立中央図書館 1000021671）

http://crd.ndl.go.jp/GENERAL/servlet/detail.reference?id=1000021671

北原武夫著「平井権八」（或いは「白井権八」）を探している。『北原武夫文学全集 1-5』に収録されていないか、もしくは他の著作に入っているか調べて欲しい。質問者からは、「小説新潮　昭和22年新年号」に載っているのではないかとの情報をもらっている。（埼玉県立久喜図書館　1000021865）

http://crd.ndl.go.jp/GENERAL/servlet/detail.reference?id=1000021865

4　質問の型別に読む

レファレンス質問には、いくつかの典型的な質問の型がある。第4章では、質問の型の観点からレファレンス事例データを紹介し、それぞれの調べ方の定石や留意事項を解説する。

4-（1）由来を尋ねる質問の事例

登録番号　1000025447　（http://crd.ndl.go.jp/GENERAL/servlet/detail.reference?id=1000025447）

[質問]

駒ヶ根市を流れる鼠(ねずみ)川の名の由来を知りたい

[回答]

『伊那地方の地名』(松崎岩夫著　信濃古代文化研究会　昭59)[N293-2]p232-234 に「ねずみ(鼠)という地名」という章があり、この川についても考察されている。それによると、この地方には古代、官道の東山道が設けられ、これと並行して通信制度として、烽(とぶひ)とよばれる狼火(のろし)台が置かれていた。烽では、昼は煙、夜は火によって緊急連絡をしており、日夜、特に夜も寝ないで見張りをしていたので、見張り台のことを古代においては、「ねずみ(不寝見)」といったという。鼠川を遡ったあたりの山上に古代、「ねずみ」が置かれていたと考えられ、そこから流れ出る川を「ねずみ(不寝見)川」と呼ぶようになり、いつからか「鼠川」に変わって現在に至っていると考えられるとある。

[回答プロセス]

① 郷土資料の「N293 地名辞典」の書架を見る。『角川日本地名大辞典 20 長野県』(角川書店　平2)[N293-18]、『長野県の地名その由来』(松崎岩夫著　信濃古代文化研究所　平3)[N293-23]などの資料には回答に結びつく記述はなし。前掲『伊那地方の地名』に至る。

② 複数の資料でこの内容を確認するため、『駒ヶ根市誌』(駒ヶ根市教育委員会)[N242-61-1]や、『信濃の川』(柴崎高陽著　信濃毎日新聞社　昭54)[N748-24]、『日本地名語源事典』(吉田茂樹著　新人物往来社　昭56)[291.03-135]を見たが関係記事はなし。上記の回答とする。

[提供館]県立長野図書館　[公開レベル]一般公開　[事例作成日]2000年03月
[解決/未解決]解決　[調査種別]事実調査　[内容種別]郷土　[質問者区分]社会人　[NDC]日本(291:)
[キーワード]駒ヶ根市　鼠(ねずみ)川　[備考]『なんでもきいてみよう』(県立長野図書館　平成12　第32集)収録レファレンス

◆**内容解説**

> 由来、起源に関する質問は多い。この事例は地名の由来に関するものであり、地域で出版されたレファレンスブックで回答している。地名は「地域」そのものに関するものなので、地域で出版されたレファレンスブックがあると、回答に早くたどりつける可能性が高い。

参照 ⇒ 「3.1－(1) 郷土に関する質問の事例」内容解説

◆**参考情報**

【由来、起源（国内）に関するレファレンス事例データ】

池尻大橋、若林、太子堂など、昭和女子大学付近の地名のいわれ、由来を調べたい。（昭和女子大学図書館　1000024640）
　　http://crd.ndl.go.jp/GENERAL/servlet/detail.reference?id=1000024640

郷東町の名前の由来。（香川県立図書館　1000023644）
　　http://crd.ndl.go.jp/GENERAL/servlet/detail.reference?id=1000023644

「江戸」の由来について。（東京都江戸東京博物館図書室　1000013901）
　　http://crd.ndl.go.jp/GENERAL/servlet/detail.reference?id=1000013901

「日本原」の地名の由来を知りたい。（奈義町立図書館　1000021283）
　　http://crd.ndl.go.jp/GENERAL/servlet/detail.reference?id=1000021283

金甲山の地名の由来について知りたい。（岡山県立図書館　1000021127）
　　http://crd.ndl.go.jp/GENERAL/servlet/detail.reference?id=1000021127

左沢という地名は何県にあるのか。また、その読みと由来を教えて欲しいのですが。（東京都立中央図書館　1000001837）
　　http://crd.ndl.go.jp/GENERAL/servlet/detail.reference?id=1000001837

鎌倉市にある「化粧坂」の地名の由来は何か。（福島県立図書館　1000012822）
　　http://crd.ndl.go.jp/GENERAL/servlet/detail.reference?id=1000012822

【由来、起源（海外）に関するレファレンス事例データ】

アフリカのブルキナーファソの首都・ワガドゥグーの地名の由来が知りたいのですが。（東京都立中央図書館　1000001840）
　　http://crd.ndl.go.jp/GENERAL/servlet/detail.reference?id=1000001840

4-(2) 語源を尋ねる質問の事例

登録番号 1000021880　(http://crd.ndl.go.jp/GENERAL/servlet/detail.reference?id=1000021880)

[質問]

〈通勤〉という言葉が、いつ頃から使われ始めたのか知りたい。

[回答]

中国では南宋末期には使用されていたと考えられる。また、日本で〈つうきん（通勤）〉という言葉が使われたのは明治期からと考えられるが、それ以前には〈かよひづとめ（通勤）〉という言葉があり、江戸時代にも使われていた。

[回答プロセス]

『語源大辞典』等の語源辞典にあたるが、〈通勤〉についての記述なし。

『大漢和辞典』〈通勤〉の出典に高似孫「水仙花賦」があげられている。『中国人名事典』等より高似孫は南宋末期の人と判明。〈通勤〉という言葉は、中国では南宋末期には使われていたと考えられる。

『日本国語大辞典』〈通勤〉の最も古い用例は、「全国民事慣例類集」(1880年)。ただし、多くの国語辞典で〈つうきん〉を引くと、〈かよひづとめ〉を参照するようになっており、そちらも調べると、『角川古語大辞典』〈かよひづとめ〉の出典に大原幽学(1797-1858)の「微味幽玄考」があげられている。また、『大衆文化事典』には、「明治の官員層の形成とともに発生」とある。なお、『江戸東京学事典』では、江戸時代の〈通い番頭〉にも触れ、昭和までの通勤事情等を解説している。

また、『明治の読売新聞(CD-ROM)』で〈通勤〉を検索すると、最も古い記事は明治9年のものであった。

[参考資料]

『大漢和辞典』 大修館書店 1980

『日本国語大辞典 第2版』 小学館

『角川古語大辞典』 角川書店

『大衆文化事典』 弘文堂 1991

『江戸東京学事典』 三省堂 1987

『明治の読売新聞(CD-ROM)』 読売新聞社 1999

[提供館]埼玉県立久喜図書館　[公開レベル]一般公開　[事例作成日]2005年03月09日
[解決/未解決]解決　[調査種別]事実調査　[内容種別]言葉　[質問者区分]その他　[NDC]語源.意味(812:9版)
[キーワード]日本語-語源　[備考].

◆内容解説

> 語源に関する質問も多い。レファレンス事例データベースを「語源」という言葉で検索すると、88件（2006年1月20日現在）を数える。この事例はその中のひとつである。
> 「通勤」が漢字形なので、漢和辞典から調べはじめ、日本語としての調査も行っている。ともに、こうした質問の処理に使う一般的なレファレンスツールを調べている。
>
> 【注記】
> レファレンス事例データベースに登録されているデータは、実際に質問を受けて回答しているものになる。すなわち、回答を示された利用者がそこで「これで十分です」と言ってしまえば、サービスは終了することになる。したがって、もっと調べればさらに回答が得られるような事例もあれば、異なるレファレンスブック等も調べるべきではないかと思われるような事例も含まれている。ここに取り上げた事例ならば、事物起源に関わるものなので、一般的に言えば、さらに事物起源や語源に関するレファレンスツールに展開することもできる。

4-（3）真偽を尋ねる質問の事例

登録番号　1000012303　(http://crd.ndl.go.jp/GENERAL/servlet/detail.reference?id=1000012303)

[質問]

かぐや姫が鶯の卵から産まれたというのは本当か。

[回答]

『日本伝奇伝説大事典』に、「中古では竹の中から発見されたかぐや姫が中世になると鶯の卵から産まれて鶯姫ともよばれる話も現れ、姫の本性を鳥類と見なす説話の存在したことを示す。ただし、これらが異伝なのか、伝承過程での変改なのか明かではない」の記載あり。また、『海道記』『古今和歌集序聞書三流抄』『古今和歌集大江広貞注』の説話例を紹介。

[参考資料]

日本伝奇伝説大事典　角川書店　388.1/N19　300583960（p236-237　かぐや姫（待井新一）の項に上記内容記載あり。）

海道記総索引　明治書院　915.4/S　300097961（p56に本文記載あり。）

中世古今集注釈書解題1　赤尾照文堂　911.13/K4/1-1　300125176（p106-107に「古今和歌集大江広貞注」の説話紹介あり。）

中世古今集注釈書解題2　赤尾照文堂　911.13/K4/1-2　300125184（p260に「古今和歌集

序聞書三流抄」本文記載あり。)

古今集註　臨川書店　918/K3/48　300993318（p106に本文記載あり。)

[提供館]福島県立図書館　[公開レベル]一般公開　[事例作成日]2004年4月8日
[解決/未解決]解決　[調査種別]事実調査　[内容種別]人物　[質問者区分]　[NDC]伝説.民話[昔話](388:9版)
[キーワード]かぐや姫　竹取物語　鶯姫　[備考]

◆内容解説

> 「本当か」という真偽を問う質問の事例である。この種の質問に対して図書館は、「典拠に基づいて、記録された情報を提供する」という原則にしたがって、サービスを行う。すなわち、資料中に確認できた文字列を、「事実」として提示することになる。
> この事例ではレファレンスブックから調べはじめ、その記述を手がかりにして、「語句索引」や解題資料を用いている。

4-(4) 理由を尋ねる質問の事例

登録番号　1000013570　(http://crd.ndl.go.jp/GENERAL/servlet/detail.reference?id=1000013570)

[質問]
東京はなぜ日本の首都か、について書かれた資料が見たい。

[回答]
資料1に東京が首都に選ばれた理由、6項目が挙げられている。
資料2～6に東京が首都になった経緯が詳しく記されている。

[回答プロセス]
都立DBの検索結果等により内容を確認し、資料1～6を紹介した。
『東京百年史』(全7巻)は各時代に分けて、その特色を示すように編集されており、第2巻の内容は明治前期。別巻に索引があり、索引の活用により、東京に関する総合事典として利用できる。

[参考資料]
【資料1】　日本の首都江戸・東京 : 都市づくり物語 / 河村茂‖著 / 都政新報社 ,
　　　　　2001.2　T/0・519/5086
【資料2】　江戸が東京になった日 : 明治二年の東京遷都 / 佐々木克‖著 / 講談社 ,
　　　　　2001.1 (講談社選書メチエ　202)　T/0・260/5010
【資料3】　江戸東京における首都機能の集中 / 東京都江戸東京博物館都市歴史研究室
　　　　　‖編 / 東京都歴史文化財団東京都江戸東京博物館 , 1999.3 (江戸東京博

　　　　　　物館シンポジウム報告書　2）　T/0・200/3455/2
【資料4】　首都江戸の誕生：大江戸はいかにして造られたのか / 大石学‖著 / 角川書店, 2002.10（角川選書　346）　T/210.5/5029/2002
【資料5】　東京奠都の真相 / 岡部精一‖著 / 仁友社, 1917.6　T/0・260/3039
【資料6】　東京百年史　第2巻 / 東京百年史編集委員会‖編 / 東京都, 1972.3　T/0・260/1/G2

[提供館]東京都立中央図書館　[公開レベル]一般公開　[事例作成日]2004年06月28日
[解決/未解決]解決　[調査種別]文献紹介　[内容種別]郷土　[質問者区分]社会人　[NDC]関東地方(213:9版)
[キーワード]　[備考]

◆内容解説

> 「なぜか」とか「理由」を知りたいと尋ねる質問も少なくない。取り上げた事例は、繰り返し同様の質問が来ているもののひとつで、いわば日本人が誰でもが抱く不思議といえる。こうした質問に対しては、過去の回答事例やサービス経験をもとにしながら、事例で行われているように、最近の研究書も含めて提供することが望まれる。
>
> ちなみに、レファレンス事例データベースを「なぜ」という言葉で検索すると、68件ある（2006年1月20日現在　「質問」を対象として検索）。現行制度の法的根拠から、地域の事項まで幅広い内容の「なぜ」が寄せられている。

　　　　　　　　　　　　参照 ⇒　「3-(1) 郷土に関する質問の事例」内容解説

◆参考情報

> 【なぜか？を尋ねるレファレンス事例データ】
> ジャムに砂糖を使うとなぜ腐りにくいのか。（桃山学院大学附属図書館　1000025265）
> 　　http://crd.ndl.go.jp/GENERAL/servlet/detail.reference?id=1000025265
> 信号機はなぜ、「赤・黄・青」の3色なのか。（福井県立図書館　1000026860）
> 　　http://crd.ndl.go.jp/GENERAL/servlet/detail.reference?id=1000026860
> 蝶を数える時、「一頭」「二頭」と「頭」を使うのはなぜか。（神奈川県立図書館　1000014498）
> 　　http://crd.ndl.go.jp/GENERAL/servlet/detail.reference?id=1000014498

レファレンス事例集

> 茨城県の「県のさかな」は，なぜ「ひらめ」なのですか。　（茨城県立図書館　1000025219）
> 　http://crd.ndl.go.jp/GENERAL/servlet/detail.reference?id=1000025219
> 健康保険法の特定療養費について、病院によって金額が異なるのはなぜか。法的根拠が知りたい。　（福岡県立図書館　1000024760）
> 　http://crd.ndl.go.jp/GENERAL/servlet/detail.reference?id=1000024760
> 一週間の曜日がなぜ，あの名称であの順番になったのですか？　（茨城県立図書館　1000025105）
> 　http://crd.ndl.go.jp/GENERAL/servlet/detail.reference?id=1000025105

4-(5) あらすじから探すことを求める質問の事例

登録番号　1000025152　(http://crd.ndl.go.jp/GENERAL/servlet/detail.reference?id=1000025152)

[質問]

1970年以降に読んだ絵本について
- 少年が家出をする
- 最初は自転車だけで行こうとする
- 雨が降ると大変なので傘を用意する
- リヤカーを自転車につける
- 最後に妹も連れて行こうとする

[回答]

お探しと思われる資料が見つかりましたのでお知らせいたします。
『リキのずっこけじてんしゃ』　はなわかんじ　さく　こうのこのみ　え　東京　偕成社　1975　31p；21cm　＜創作こども文庫＞（当館請求記号　Y17-4441）
お問い合わせいただいた内容とほぼ同じですが、連れて行く女の子は妹ではなく、ガールフレンドのリリちゃんです。最後はパパとママも一緒に行くことになりますが、自転車は荷物が重すぎて壊れてしまいます。

[回答プロセス]

児童書総合目録のあらすじ検索→該当作なし
Googleで「自転車」「妹」「家出」「絵本」で検索、以下のページにヒット
ページ名「なっちょのGO!GO!絵本」
(http://homepage2.nifty.com/books-jabberwock/i-nat/go-go2.html#riki)
（検索年月日　2005.2.5）現物で内容を確認

[提供館]国立国会図書館(National Diet Library)　　[公開レベル]一般公開　　[事例作成日]2005年02月09日

[解決/未解決]解決 　[調査種別]文献紹介 　[内容種別] 　[質問者区分]個人 　[NDC]漫画．挿絵．童画（726：9版）
[キーワード]絵本　自転車　妹　家出 　[備考]ストーリーレファレンス

◆内容解説

児童書に関して、あらすじから探す質問は多く、ストーリーレファレンスと日本で呼ばれている。
この事例の場合、Googleのテキストボックスにキーワードを入れて検索し、検索結果一覧の中からページを表示させて手がかりを得て、図書にあたって確認したというものである。「児童書総合目録」で「あらすじ」の項目では、検索できなかった事例でもある。

【注記】
『リキのずっこけじてんしゃ』は、国立国会図書館支部国際子ども図書館、東京都立多摩図書館、それぞれに所蔵されている。国際子ども図書館、東京都立図書館ともに「あらすじ」で検索できるようになっているが、この事例ではあらすじのデータがないようである。

◆参考情報

【ウェブサイト】

児童書総合目録のあらすじ情報
　http://www.kodomo.go.jp/resource/search/toc.html
1．日本図書館協会『選定図書総目録』所収データ→約28,000件（1951年以降）。
2．日本児童図書出版協会『児童図書総目録』所収データ→約33,000件（1999年版以降）。ただし、『児童図書総目録』は過去に刊行されたものでも、当該年時点で入手可能なものも収録されている。

5　データからノウハウを学ぶ

レファレンス事例データからは、レファレンスサービスを行う上での様々な知識・技術を学ぶことができる。第5章では、知識・技術が活かされているレファレンス事例データや、知識・技術を学ぶことのできるレファレンス事例データを紹介する。

5-(1) 類縁機関を使う事例

登録番号　1000004125　(http://crd.ndl.go.jp/GENERAL/servlet/detail.reference?id=1000004125)

[質問]

『国史大辞典』の"豆腐"の項に参考文献として挙がっている『日本の味名著選集7　豆腐』(安井笛二編)の所蔵館を知りたい。また借用も依頼したい。

[回答]

県立3館、国立国会図書館、他の都道府県立図書館などでは所蔵していませんでした。『国史大辞典』に参考文献として挙がっていたため、古書の可能性もあるので『国書総目録　補訂版』(岩波書店)で確認しましたが、収載されておらず、古書の可能性は薄いことがわかりました。専門書の可能性を考え、NACSIS-WEBCATで検索したところ、いくつかの大学で所蔵しているが、貸し出しはできず、遠方の大学のため直接閲覧していただくことも難しいことがわかりました。ただし、書誌情報については「日本の味名著選集 7 豆腐 安井笛二編 東京書房社 1978」ということなので、古書ではないことが確認できました。もっと近くに所蔵しているところはないかと、関東近県で食べ物について詳しい類縁機関を探し問い合わせたところ、財団法人味の素食の文化センター(東京都中央区)というところで所蔵しており、貸し出しはできないが一般の人も閲覧できることがわかりました。財団法人味の素食の文化センターの連絡先を知りたい方は『講座食の文化　1～7』(農山漁村文化協会)の奥付で確認してください。

[参考資料]

『国史大辞典』10　吉川弘文館　1989年
『講座食の文化　1～7』農山漁村文化協会　1998～1999年

[照会先]

財団法人味の素食の文化センター

[提供館]千葉県立西部図書館　[公開レベル]一般公開　[事例作成日]2004年04月13日　[解決/未解決]解決
[調査種別]所蔵調査　[内容種別]　[質問者区分]　[NDC]食品. 料理(596:)

[キーワード]豆腐　安井笛二　日本の味名著選集　[備考]

◆内容解説

> 類縁機関に問い合わせて所蔵を調査した質問の事例である。類縁機関である、財団法人味の素食の文化センターで所蔵されていることがわかり、利用者に案内したという内容である。専門図書館の所蔵資料がインターネットで検索できるようになって可能となった事例でもある。

5-(2) インターネット情報源を使う事例

登録番号　1000024371　(http://crd.ndl.go.jp/GENERAL/servlet/detail.reference?id=1000024371)

[質問]

「大川便覧」を探している。

[回答]

『国書基本データベース』（国文学研究資料館）　http://base4.nijl.ac.jp/~koten/
　（2006/01/17 確認）

『古典籍総合目録データベース』（国文学研究資料館）　http://base1.nijl.ac.jp/~koten/
　（2006/01/17 確認）

『国書総目録』、『古典籍総合目録』を確認し、オリジナルの所蔵館は確認できた。

『大川便覧』（おおかわべんらん）

一帖

角書：乗陸必携

分類：地誌

著者：高嶋春松　画

天保二版　　　神戸大

天保九版　　　国会

天保一〇版　　内閣、東大、大阪市

天保一四版　　内閣、京大、日比谷加賀文庫、大阪市、阪大、大阪天満宮、（大阪府）、（月桂冠）

安政五版　　　高木文庫

引き続き利用を考え、複製本やマイクロ資料などがないかを調査して行った。
そして、下記のサイトでデジタル画像が公開されていることがわかった。
高嶋春松　画『大川便覧：乗陸必携』大阪・赤松九兵衛　天保14年9月（1843）（『大阪市

立中央図書館イメージ情報データベース』)
http://www.oml.city.osaka.jp/cgi-bin/img_src/detail_anc.cgi?id=26690010&bval=x&page=6&pagemax=24&reflg=3 （2006/01/17 確認）

関連サイト
『大川便覧』大和銀文庫（大阪府立中之島図書館）
http://www.library.pref.osaka.jp/lib/bunko/daiwa08.html （2006/01/17 確認）

『伏見名所案内：江戸時代の旅路がよみがえる『大川便覧』』（月桂冠）
http://www.gekkeikan.co.jp/enjoy/fushimi/binran.html （2006/01/17 確認）

[参考資料]
『国書総目録』第1巻 補訂版 岩波書店 1989 p.575
『古典籍総合目録：国書総目録続編』第1巻 国文学研究資料館編 岩波書店 1990 p.113
国文学研究資料館 http://www.nijl.ac.jp/ （2006/01/17 確認）
『大阪市立中央図書館イメージ情報データベース』
http://www.oml.city.osaka.jp/cgi-bin/img_src/index.cgi （2006/01/17 確認）
大阪市立図書館 http://www.oml.city.osaka.jp/ （2006/01/17 確認）
大阪府立図書館 http://www.library.pref.osaka.jp/ （2006/01/17 確認）

[提供館]近畿大学中央図書館 [公開レベル]一般公開 [事例作成日]2005年10月19日 [解決/未解決]解決
[調査種別]所蔵機関調査 [内容種別] [質問者区分] [NDC]日本(291:9版)
[キーワード]大川便覧 乗陸必携 淀川 大阪 中之島 地誌 高島春松 [備考]

◆内容解説

インターネット上には各種のデータベースが公開されており，しかも、日々充実しつつある。この事例はそうしたデータベースである『国書基本データベース（著者編）』と『古典籍総合目録データベース』を使って調べ、デジタル化された「画像」にたどりついたものである。これらのデータベースは、国文学研究資料館が作成したものである。

◆参考情報

国文学研究資料館の中の「電子資料館」のページにある「書誌・目録データベース」に収録されている。

> **国書基本データベース（著作編）**
> http://base4.nijl.ac.jp/~koten/
> 「古典籍総合目録データベース」の著作及び著者典拠ファイルを収録した著作（作品）情報データベース（『国書総目録』『古典籍総合目録』（岩波書店刊）所収の著作とその後追加した著作を収録）。著作約437,000件、著作約66,000件。（ウェブページより引用）
>
> **古典籍総合目録データベース**
> http://base1.nijl.ac.jp/~koten/
> 日本古典籍（江戸時代末までに著された写本・版本等）の書誌・所在情報データベース（国内外の大学・図書館・文庫等の所蔵目録から主として『国書総目録』未収録のデータを採録）。約191,000件。（ウェブページより引用）
>
> **日本古典資料調査データベース**
> http://192.244.21.24:591/card/
> 当館が30年にわたり調査してきた国内外の大学・図書館・文庫等所蔵の写本・版本等の「文献資料調査カード」から主要な書誌情報を抽出したデータベース（調査カード画像データベースも参照可能）。約92,000件。（ウェブページより引用）

5-（3）レファレンス事例データを使う事例

登録番号　1000012930　(http://crd.ndl.go.jp/GENERAL/servlet/detail.reference?id=1000012930)

[質問]
「月々に月見る月は多けれど　月見る月はこの月の月」という歌の作者を知りたい。

[回答]
1　『国歌大観』などの和歌に関する資料にあたるが、該当する歌はなし。
2　月見の関連で、日本の民俗についての資料を調査するが該当なし。
3　インターネットで検索により、千葉県立西部図書館のレファレンス事例集に同じ質問が寄せられていることを発見。『日本随筆大成第2期』に収録されている鈴木忠侯集撰「一挙博覧」に記載があるとのこと。
4　『日本随筆大成第2期巻4』（日本随筆大成刊行会，1928）に収録の「一挙博覧」巻之2・53に「良夜の歌」として、「宦家の女中は、八月十五夜に芋を箸につらぬき、其穴より月を見て、月々に月見る月は多けれど　月見る月はこの月の月、といふ歌を吟ぜらるゝとな

り」とある。

5 『名月若松城』(『名作聞書（上）』(読売新聞社, 1955)所収)にも、「名月だ、いや、月々に月みる月は多けれど、月みる月は十五夜の月、あの古歌は秋の名月をうたったものだが、…」(168 ページ)とある。

[参考資料]

千葉県立西部図書館レファレンス事例集
(https://www.chiba-prefectural-west-library-kyouryoku.jp/reference.html 2004 年 12 月 19 日確認)

『日本随筆大成第 2 期巻 4』(日本随筆大成刊行会, 1928)

安藤鶴夫『名作聞書 上』(読売新聞社, 1955)

[提供館]岐阜県図書館 [公開レベル]一般公開 [事例作成日]2004年09月 [解決/未解決]解決
[調査種別]事実調査 [内容種別]人物 [質問者区分] [NDC]詩歌(911:9版)
[キーワード] [備考]・他の図書館でも同じような質問が寄せられることがあり、レファレンス事例集などとして記録し、公開して、共有できると、レファレンスサービスの向上につながることの一例。

◆内容解説

> インターネット上にあるレファレンス事例集を検索して、それを参照して自館の資料にあたって調べたという事例である。
> 今後インターネット上のQ&Aのサイトの中の事例も含めて、調査結果を入手できる数が増えてくる。それらを参照しながら、自館資料できちんと調べて、利用者に提供するという姿勢が必要である。もちろん、レファレンス協同データベースもそうしたものの中の 1 つである。

◆参考情報

> 【ウェブサイト】
> 事例データ公開機関リンク集（国立国会図書館　レファレンス協同データベース事業）
> http://crd.ndl.go.jp/jp/library/links.html

参照　⇒　「3.2 -（4）和歌・俳句分野の質問の事例」内容解説

5 -（4）自館で作成したレファレンスツールを使う事例

登録番号　1000024039　(http://crd.ndl.go.jp/GENERAL/servlet/detail.reference?id=1000024039)

[質問]

埼玉県下で幼児(2歳〜学齢前)をもつ母親のための講座を企画中。講師を探している。講義内容は、育児そのものではなく、育児の中で母親が自分を見つめ直し生き方を考える、といった視点で検討している。

[回答]

国立女性教育会館(http://www.nwec.jp/)「女性教育情報センター文献情報データベース」「女性関連施設データベース」「女性学・ジェンダー論関連科目データベース」を検索。検索結果より、資料の著者・女性センター事業での講師・大学の教員等の情報を提供。

[回答プロセス]

文献情報データベースを「母親 and 生き方 and (東京＊ or 埼玉＊)」で検索。
女性関連施設データベースを関東に限定し「母親 and 生き方」で実施事業検索。
女性学・ジェンダー論関連科目データベースを「育児 and 母親」「生き方 and 母親」で検索。

[提供館]国立女性教育会館女性教育情報センター　[公開レベル]一般公開　[事例作成日]2005年09月01日
[解決/未解決]解決　[調査種別]事実調査　[内容種別]人物　[質問者区分]社会人　[NDC]育児(599:8版)
[キーワード]母親　育児　生き方　講座　[備考]

◆内容解説

これは専門図書館の事例で、自館で作成したツールを活用して回答している。今後、それぞれの図書館が、それぞれの分野でツールを作成して公開し、お互いに活用できるようになると、レファレンスサービスの質が一層向上すると思われる。

◆参考情報

【レファレンス事例データ】
神田祭・山王祭（いわゆる天下祭）に関する錦絵・摺物・明治大正の古写真を所蔵しているか。『川越氷川祭礼の展開』(資料1)は見ているので、それ以外を見たい。(東京都立中央図書館　1000021689)
http://crd.ndl.go.jp/GENERAL/servlet/detail.reference?id=1000021689

5-(5) 調査プロセスを学ぶ事例

レファレンス事例集

登録番号　1000021906　(http://crd.ndl.go.jp/GENERAL/servlet/detail.reference?id=1000021906)

[質問]

〈Old Salt〉は老練な船乗りという意味があるが、なぜこの意味になったのか知りたい。

[回答]

『海の英語　イギリス海事用語根源』のp365に「「潮気の多い人」という意味から、英語では「経験の十分な老練水夫」「潮風に鍛えられた水夫」(weather-beaten sailor)を単にsaltまたはold saltという」とあり。

また『海と船と人の博物史百科』p344に「日本語でもベテランのシーマンを指すときに「潮っ気がある」という表現を使うが、欧米ではそのものずばり「潮(salt)」という。老水夫はオールド・ソールトとなるが・・・」とあり。

[回答プロセス]

英語慣用句や語源辞典等、以下の資料には記述なし。
『英語慣用句小辞典』、『スタンダード英語語源辞典』、『英語の語源辞典』、『完訳キーワード辞典』、『英語の語源 AtoZ』、『よく使われる英語表現ルーツ辞典』、『日本語で引く英語類語辞典』、『英和海事辞典』、『英和海運辞典』。
海事・海運関係の資料から探索したところ、記述が見つかった。

[事前調査事項]

調査済資料：「新英和大辞典　4版・6版」、「ランダムハウス英和大辞典　2版」、「Oxford English Dictionary」、「英語慣用語源句源辞典」、「英語の語源と由来」

[参考資料]

『海の英語　イギリス海事用語根源』研究社出版　1971
『海と船と人の博物史百科』原書房　2000

[提供館]埼玉県立久喜図書館　[公開レベル]一般公開　[事例作成日]2005年02月23日　[解決/未解決]解決
[調査種別]事実調査　[内容種別]言葉　[質問者区分]図書館　[NDC]語彙(834:9版)
[キーワード]英語-慣用語　[備考]

◆内容解説

> 利用者が求めている語源「なぜこの意味になったのか」から出発して、語源に関する一般的なレファレンスブックを調べ、さらに専門分野のレファレンスブックに展開して調査している事例である。

参照　⇒　「4.4-(2) 語源を尋ねる質問の事例」内容解説

5-(6) 調査に必要な知識・技術を学ぶ事例

登録番号　1000020676　(http://crd.ndl.go.jp/GENERAL/servlet/detail.reference?id=1000020676)

[質問]

過去10年くらいのテレビCMで、動物（実写でもキャラクターでも）が出演しているものを、とにかくたくさん見たい。できれば有名なものが見たい。

[回答]

【参考資料：1】消費者の反応が高かったCMを業種ごとに分けてランキングしている資料のため提示。

【参考資料：2】毎月、新作CMを数十本取り上げる連載記事「CM DATABASE」があるため提示。

【参考資料：3】企業キャラクターを知る上で、提示

[回答プロセス]

1. 当館付属ミュージアムの所蔵広告作品を検索するシステム「AdDAS（アドダス）」では、動物の種類や名前、キャラクター名で検索ができない。

2. 有名なCMをお探しだったので"消費者の記憶に残る""消費者からの反応が大きい"CMと判断し、【参考資料】を提示。

※ 網羅的に、かつ消費者からの反応が大きいCMをご希望だったので、制作者サイドからの判断で受賞作品が選ばれる『ACC CM 年鑑』（全日本シーエム放送連盟 編、宣伝会議 発行）は、質問者の意向にあわなかった。

[参考資料]

1. 『CM 好感度データブック』（CM DATABANK、CM総合研究所編発行、年鑑、R146・CMS│1994年・所蔵）；
2. 『コマーシャル・フォト』（玄光社、月刊誌│1976年・所蔵）；
3. 『大ヒット！ 企業キャラコレクション』（キャラデパmia 特別編集、小学館、2003年、141・KYA）；

[提供館] 吉田秀雄記念事業財団アド・ミュージアム東京広告図書館　**[公開レベル]** 一般公開　**[事例作成日]** 2004年07月01日

[解決/未解決] 解決　**[調査種別]** 事実調査　**[内容種別]**　**[質問者区分]** 社会人　**[NDC]** 広告. 宣伝（674:8版）

[キーワード] CM 動物 キャラクター　**[備考]**

◆内容解説

「レファレンス事例データ」を読んでいると、専門分野の知識に加え、サービスの経験で蓄積した知識・技術を活用して回答した事例が多く

> みられる。この事例は、広告分野のもので、利用者の希望にあわせて、資料を提供している。また、公共図書館や大学図書館でも参考になる事例である。
> サービスの経験を蓄積するためには、こまめにメモをとって、それを集めて読み返す、補足する、時に再調査する、皆で検討するなどが必要である。さらに一定期間がたったら、整理して、分析し、質問の傾向やよく聞かれている分野、未解決事例の原因など、調査を行うとよい。

参照 ⇒ 「4-(2) 語源を尋ねる質問の事例」内容解説

5-(7) 利用者とのコミュニケーションスキルを学ぶ事例

登録番号　1000002615　(http://crd.ndl.go.jp/GENERAL/servlet/detail.reference?id=1000002615)

[質問]

旧日光街道や奥州街道を歩きたい。昔の道順（道標）がわかる資料を紹介して欲しい。できれば地図もあるとよい。

[回答]

往時を偲びながら旧街道をウオーキング。なかなか粋なものです。栃木の街道に関する主な資料には次のものがあります。

1　『栃木の道』(下野新聞社/編　1973)
2　『日光例幣使街道』(五十嵐富夫/著　柏書房　1978)
3　『栃木の街道』(栃木県文化協会/編　1978)
4　『補訂版　日光街道道中繁盛記』(本間清利/著　埼玉新聞社　1980)
5　『下野街道物語』(島遼伍/監修　下野新聞社　1999)
6　『栃木の日光街道　荘厳なる聖地への道』(日光街道ルネッサンス21推進委員会/編　2003)

各資料とも宿場ごとの略図などはあるものの、残念ですが実際に歩くのに役立つような地図はありません。
しかし、日光・奥州街道については

7　『今昔三道中独案内　日光・奥州・甲州』新装版(今井金吾/著　JTB　2004)

があります。これは、国土地理院地形図（2万5千分の1）に江戸時代の道筋を記入したもので

す。1978年の初版出版時の地図が使用されています。もちろん解説もあります。

8 『日光街道歴史ウオーク』(横山吉男/著 東京新聞出版局 2004)

こちらの資料は街道沿いの名刹・名墓や碑陰の解説が充実しています。道筋のわかる地図(平成15年国土地理院の地図を使用)も掲載されています。

[**提供館**]栃木県立図書館 [**公開レベル**]一般公開 [**事例作成日**]2003年09月30日 [**解決/未解決**]解決
[**調査種別**]文献紹介 [**内容種別**]郷土 [**質問者区分**]社会人 [**NDC**]交通史.事情(682:9版)
[**キーワード**]栃木の街道 日光街道 奥州街道 [**備考**]

◆内容解説

> この事例は、電話により質問を受け付け、回答した事例である。この事例では、それぞれの資料の特徴や内容がよく分かるよう、記述に配慮がみられる。利用者とのコミュニケーションの様子も浮かんでくる。
> 近年、電話とは別に、電子メールを用いたレファレンスサービスも増えている。対面や電話の場合とは異なり、電子メール等でレファレンス質問を受け付けた場合、細かなニュアンスをやりとりすることが難しく、それ特有のコミュニケーションスキルを要する。今後は、電子メール上でのコミュニケーションについても、十分なスキルを身に付けたいものである。

◆参考情報

> 【電子メールのレファレンス事例データ】
> わたしの生まれ故郷について調べております。天保二年、津山森藩で作成されたといわれる「領内城郭調査」の内容が寺坂五夫編「美作古城史」にまとめられていると聞きました。その中の 久米南郡 23城の内、 ととめき山城 赤松一族 大戸村 (448ページ)の内容を知りたいのです。該当ページを複写してお送り頂ければ、大変ありがたいと存じます。(奈義町立図書館 1000021304)
> http://crd.ndl.go.jp/GENERAL/servlet/detail.reference?id=1000021304

5-(8) 未解決事例に学ぶ事例

登録番号 1000014125　(http://crd.ndl.go.jp/GENERAL/servlet/detail.reference?id=1000014125)

[質問]

「継続は力なり」の言葉の出典。

[回答]

お尋ねの言葉について、当館刊行の『図書館協力通信』44号（1994年7月）で取り上げたことがあり、それによると出典は不明でした。それ以降に刊行された故事成語の辞典類を通覧しましたが、この言葉は掲載されていませんでした。

この他、当館の蔵書目録で書名に「継続は力」や「継続は力なり」を含む図書を通覧したところ、下記(1)の図書には平松折次の関係した大分夜間中学の校則であること、その具体的な出典は不明であることの記載がありました。また、下記(2)の平松折次の遺稿集を通覧しましたが、この言葉の出典については言及されていませんでした。

(1)『継続は力なり』草柳大蔵　大和書房　1993年　1冊　＜GK131-E59＞
(2)『継続ハ力』平松折次他著　平松折次遺稿集編・刊　1985年　＜GK52-95＞
　　＜　＞内は当館請求記号

＜参考＞
『図書館協力通信』No.44（1994年7月）p.4「レファレンス・ルーム」の事例紹介記事

　ことばを調べる
　「継続は力なり」は誰がいったことばか、その出典を知りたい。

　　ことばの出典もよく訊かれるが、これはそう簡単ではない。そういうことばがすべて名言・格言辞典の類に出てくるわけではないし、辞典に載ってもいないものをことばだけで何に出てくるか探し当てるのは、典拠も何もなしに不確かな書名だけで資料を探すのより、もっと困難な作業かもしれない。それはまるで何の遺留品も残されていない白骨死体の身元を割り出そうというようなものである。
　　この「継続は力なり」も出典の判明しなかったものだが、その後も何度もおなじことを訊かれているところを見ると、あるいはいろんなところで引き合いに出されていることばなのかもしれない。そして、それを口にしたり書いたりしている人自身、その出典については知らないかして触れていないので、それを聞いたり読んだりする人が疑問をおこすのだろうと思う。
　　辞典をいくつか調べてみた限りでは、去年出た『成語林』（旺文社）が唯一このことばを収録していたが、出典については言及されていない。『社長の名言格言集』（中経出版　1974）という本にもこのことばが収録されていたが、やはり出典は記載されていなかった。

当館でできるレファレンスの範囲は基本的にはここまでで、それ以上に何か新発見を期待して一次資料をあれこれひっくり返したりするのは代行調査になってしまうと思うが、あまり何度も訊かれるので、もう少し調べてみることにする。

　人生観・処世訓にかんする図書を見ていったところ、小橋邦彦『自分を育てる言葉』（産業能率大学出版部　1985）にこの「継続は力なり」にかんする記述が見つかった。「この名文句、いまではすっかり有名になってしまった」「なおこの名文句、誰が言いだしたのか、前々からその出典が気になっていた。田辺昇一著『重役塾』によれば、鮎川義介著『物の見方考え方』から学んだと記されてあった。ご参考までの情報提供です」とある。

　『物の見方考え方』にはこのことばは出てこないので、田辺氏の『重役塾』を見ると、『物の見方考え方』の中に空気銃や絵の修練の話としていかに根気よく続けることが大事かという経験談がのべられており、田辺氏はそれを読んで「『継続は力なり』の真理を教えられた」のだということがわかった。田辺氏は経営コンサルタントとして活躍している人のようだから、あるいはこのことばを広めたのも同氏あたりであったのかもしれない。しかしこのことば自体は同氏の造語ではないようである。

　このことばは昔から日本にあることばのような感じはしないから、明治以降誰かがむこうのことばを翻訳輸入したものではないだろうか。そう思って洋書の名言・格言辞典を見てみると、"A dictionary of American proberbs．Oxford University Press, 1992"に"Continuity is the father of success"ということばがイリノイ州の諺として伝わっていることがわかった。しかし、これがもとになって誰かが言い換えたものかどうかはわからない。

　あるいは諸家の成功談や教訓話が売り物だった『実業之日本』の顧問でもあり、自身の『世渡りの道』『自警録』などの修養書もある新渡戸稲造あたりがひょっとしてその紹介者ではないだろうかと思ったが、この推理は当たらなかった。

　あとは公開調査に切り替えて、これを読まれた人たちからの情報を待つしかなさそうである。（参考課）

[提供館]国立国会図書館（National Diet Library）　[公開レベル]一般公開　[事例作成日]2001年11月13日
[解決/未解決]未解決　[調査種別]事実調査　[内容種別]言葉　[質問者区分]公共図書館　[NDC]
[キーワード]継続は力なり　格言　[備考]

◆内容解説

> 未解決の事例である。未解決の事例を読むと、さまざまな視点からのアプローチが行われているために、異なる調査の参考になる。その意味で、こうした事例は、じっくり読んでもらいたい。

EYE LOVE EYE

> 視覚障害者その他活字のままではこの本を利用できない人のために，日本図書館協会及び著者に届け出ることを条件に音声訳（録音図書）及び拡大写本，電子図書（パソコンなどを利用して読む図書）の製作を認めます。ただし，営利を目的とする場合は除きます。

レファレンス協同データベース事業データ作成・公開に関するガイドライン

2006年6月20日　初版第1刷発行 ©　　　　　　　　　　定価：本体 1,600 円（税別）

編　者	国立国会図書館関西館事業部
発行者	社団法人　日本図書館協会
	〒104-0033　東京都中央区新川 1-11-14
	Tel 03-3523-0811㈹　Fax 03-3523-0841
印刷所	㈱ワープ

JLA200611　　　　　　　　　　　　　　　　　　　　　　　　　　Printed in Japan

ISBN4-8204-0604-3

本文の用紙は中性紙を使用しています。